Aanbevelingen voor Honderd

In dit adembenemende verhaal volgen we een reiziger die pijn, liefde, angst, hoop en inspanning met grote schoonheid heeft verbeeld. Je houdt je adem in en hoopt op de goede afloop....
Somaia Ramish, schrijver/journalist (Afghanistan)

In het boek van Kamara reis je mee met een vluchteling, met al zijn afwegingen, ontberingen en gevaren tijdens zijn tocht. Eenmaal aan de poort van het paradijs blijkt dat naast de fysieke grenzen, de papieren grenzen nog inhumaner en bruter zijn.
Maarten Goezinnen, Rotterdams Ongedocumenteerden Steunpunt

Honderd Gouden Paarden heeft me van begin tot eind geraakt. Het heeft mij als docent veel geleerd over de helse weg die sommigen van mijn leerlingen hebben moeten afleggen. Ik kan al mijn collega's deze roman aanraden en iedereen die geïnteresseerd is in de verhalen van vluchtelingen. Wel een waarschuwing vooraf: ook het land van aankomst blijkt geen paradijs.
Martijn Schoonderwoerd, docent Internationale Schakelklas Wolfert van Borselen scholengroep

Ishmail Kamara vertelt het verhaal van mensen die geboren zijn en opgroeien in een omgeving vol geweld, wreedheid en oorlog. Zij zijn gedwongen om te vluchten, puur om te overleven. Als zij na een barre, levensgevaarlijke tocht eenmaal in het beloofde land Nederland aankomen, wacht hen een ongastvrije, koude ontvangst. Pijnlijk herkenbaar voor velen, zoals mijn ouders, die ooit eveneens noodgedwongen naar dit land kwamen. Honderd Gouden Paarden is een prachtig en aangrijpend pleidooi voor meer medemenselijkheid in onze samenleving.
Dinah Marijanan, schrijfster (Nederland/Molukken)

Honderd gouden paarden staat symbool voor de miljoenen vluchtelingen die wereldwijd hopen op een beter bestaan en noodgedwongen de vlucht naar voren kiezen.

René Sertons

De beelden van mijn eigen vlucht uit Iran kwamen weer heftig terug bij het lezen van Honderd Gouden Paarden. Evenals het gevoel van ontheemding en het schrijnende verlangen naar de plek waar je vandaan komt. Ik zie dat ook terug bij de gevluchte jongens die ik begeleid.
Mona Madjoeb, begeleider minderjarige vluchtelingen (Iran)

Honderd Gouden Paarden is een ontzettend boeiend boek. Ik heb enorme bewondering voor de moed en het doorzettingsvermogen van vluchtelingen. We moeten echter niet vergeten dat velen geen succes hebben in eenzelfde zoektocht.
Janneke Michiels, huisarts Rotterdam Zuid

Van Ishmail Kamara verschenen eerder

SMILE (Hafan Books 2018)
A Hundred Golden Horses (Boekscout 2020)
Landschap van mijn Ziel (WGBU 2021)

HONDERD GOUDEN PAARDEN

EEN REIS NAAR HET BELOOFDE LAND

ISHMAIL KAMARA

WGBU
Rijswijk

Copyright © 2024 Ishmail Kamara

Alle rechten voorbehouden. Niets uit dit boek mag in welke vorm dan ook worden gereproduceerd of op enige elektronische of mechanische manier, inclusief informatieopslag en ophaalsystemen, zonder schriftelijke toestemming van de uitgever, behalve door een recensent, die korte passages in een recensie mag citeren. Scannen, uploaden en elektronische distributie van dit boek of het faciliteren daarvan zulks zonder toestemming van de uitgever is verboden. Koop alstublieft alleen geautoriseerde elektronische edities en neem niet deel aan of moedig elektronische piraterij van auteursrechtelijk beschermd materiaal niet aan. Uw steun voor de rechten van de auteur wordt gewaardeerd. Elk lid van onderwijsinstellingen die een deel of al het werk voor gebruik in de klas wil kopiëren, stuurt een aanvraag naar WGBU, Koninginnelaan 79, 2281HC Rijswijk of verkoop@wgbu.nl

Engelse editie
'A Hundred Golden Horses' 2024 www.lulu.com

Druk en uitgeverassistentie PUMBO

ISBN 978-9-0831-7208-8
NUR 302

WGBU
Koninginnelaan 79
2281HC Rijswijk

Inhoud

Jongensjaren	9
De commandopost	25
Een voorspelling	33
Een reis vol schorpioenen	42
De woestijnstorm	53
De verlaten stad	68
Over de oceaan	93
Het beloofde land	106
Een les om te leren	121
Liefde en genegenheid	161
De geheimen onthuld	179
Mijn moederland	212

Jongensjaren

De lucht was donkergrijs en werd verlicht door onheilspellende bliksemschichten. Op het moment dat we ons schrap zetten voor het naderende noodweer, sloeg de zeebries om naar een gewelddadige storm en begon het te regenen. De storm forceerde zich een weg tussen de gigantische zeilen die alle kanten op klapperden. Bulderende golven sloegen tegen de houten boot. Het gekletter van vallend servies benedendeks voorspelde niet veel goeds. Ik was doodsbang dat de op en neer deinende boot ieder moment kon kapseizen. Regenwater sloeg op onze hoofden met de heftigheid van hagelstenen. Met z'n drieën probeerden we de zeilen op hun plek te houden terwijl we ze in de goede windrichting duwden. De mist op zee was zo dik dat ik, vanaf de plek waar ik stond, nauwelijks kon zien wat er voor de boot gebeurde.

Na een uur nam de storm eindelijk af en stond ik te trillen op mijn benen van de inspanning. Het regende nog steeds en door al het water hing de boot gevaarlijk naar een kant. "Land, er is land!" schreeuwde de man naast me en hij wees naar de horizon. Ik draaide me om en tuurde voor me uit. Er was inderdaad land. Het was vlak, zo vlak als een stille zee, maar verder landinwaarts rezen heuvels op de achtergrond van het strand.

In de branding stond een slanke, bleke vrouw, die gekleed

was in een lange witte trouwjurk. Haar haren waren zwart als houtskool en wapperden uitbundig in de wind. Terwijl onze boot dichterbij voer, zag ik haar hartvormige, vastberaden gezicht. Naast haar stonden twee gigantische wolven die woest jankten naar de grijze hemel.

De manier waarop ze daar stond, deed me denken aan een vissersvrouw die jarenlang, dag in dag uit, over het water uitkeek, verlangend naar de terugkomst van haar geliefde op zee. Ondertussen zochten de twee mannen en ik wanhopig naar een bereikbare aanlegplaats, ons bewust van de starende vrouw.

Terwijl ik over het dek liep, bekroop me het gevoel dat ik deze vrouw kende. Ik staarde haar door de regen aan en er ging een golf van medelijden door me heen. Dit was mijn moeder. Ze stond daar met haar droevige uitdrukking en broze lichaam tussen twee wilde dieren in. Mijn intuïtie vertelde me dat ze in gevaar was. Zonder na te denken, sprong ik in het ijskoude water.

"Mama!" schreeuwde ik, terwijl de stroming me naar de diepte probeerde te trekken. De echo van mijn stem veranderde de atmosfeer. Terwijl ik zwoegend naar het strand probeerde te komen, loste de vrouw op in de mist.

Ik opende mijn ogen en wierp een blik op mijn digitale klok. Zeven juli, half zeven 's ochtends. Ik tilde mijn hoofd een beetje op en keek om me heen, als een slapende kat die plotseling wakker schrikt uit zijn middagdutje. Ik slaakte een zucht, legde mijn wang terug op het kussen en ontspande me in mijn slaapzak. Ik was gerustgesteld toen ik besefte dat alles wat was gebeurd slechts een droom was geweest.

Wanneer een mens in een diepe slaap valt, neemt zijn verbeelding hem mee naar plaatsen waar hij nog nooit is geweest. Door een combinatie van herinneringen uit het verleden en fantasieën over de toekomst ziet de mensheid beelden, illusies en plaatjes die hij dan dromen noemt. En zie, iedere droom heeft zijn eigen interpretatie.

Mijn naam is Eba Yoko. Ik ben geboren in Pete Fu, een klein dorp van twintig hutten gebouwd uit rode klei met daken van bamboeriet. De smalle wegen in de omgeving waren onverhard en de natuurlijke omgeving was bezet door een dik, groen regenwoud. Er was altijd leven in ons dorp. Overdag overheerste het gezang van vogels en 's nachts het getsjirp van krekels. Het land, plat en moerassig, spreidde zich uit langs de delta van de Alligatorrivier.

Ik wist niet precies hoe oud ik was toen ik voor het eerst mijn leeftijd berekende, maar mijn vader zei ooit dat mijn moeder me in het regenseizoen gebaard had, tegen het einde van de wrede burgeroorlog die de levens van zo vele onschuldige zielen in mijn land heeft genomen.

"Het is nu zeven jaar sinds de dood van je moeder," zei mijn vader op een avond toen ik bezig was op de boerderij de schapenmest uit de stal te schrapen. Die dag besloot ik dat ik zo'n zeven jaar oud moest zijn. Sindsdien heb ik ieder jaar een jaar bij mijn leeftijd opgeteld.

Ik kwam ter wereld in een roerige tijd. De rebellen waren berucht om hun wrede daden tegen gewone burgers, hoewel het leger niet veel beter was. Tijdens de oorlog was het bijna onmogelijk voor zwangere vrouwen, jonge meisjes en politici om aan de mannen te ontsnappen, zeker als ze gewapend waren. De wandaden tegen onschuldige burgers zijn vandaag de dag nog altijd merkbaar. Littekens zijn achtergelaten op lichaam en geest van slachtoffers door het hele land.

Ik was het enige kind dat overleefde in de buik van mijn moeder nadat ze vijf miskramen had gehad. Alle vijf vonden vroeg plaats in de zwangerschap. Ik werd dan ook het wonderkind genoemd, dat tien maanden in mijn moeders baarmoeder had overleefd voordat ik in deze mysterieuze wereld werd gebracht. Mijn vader maakte me duidelijk dat die tien maanden de zwaarste van mijn moeders leven waren. Mijn moeder baarde succesvol een gezond jongetje dat haar en mijn vader pure blijdschap bracht en stabiliteit in hun huwelijksleven verzekerde, na vele jaren van verdriet en ongeluk.

Mijn vader, Mamoudo Yoko, was geboren op de drempel van absolute armoede. Hij was een hardwerkende rijstboer en een echte palmwijntapper, die in zijn vroege twintigerjaren traditioneel trouwde met mijn moeder, Bomporo Thullah. Bomporo was een akkeropzichter en had een passie voor het kweken van groenten. Mijn ouders deelden de liefde voor werken op het land. Hun vriendschap was dan ook geen toeval.

De andere vrouwen in het dorp vertelden me dat mijn moeder het populairste meisje was toen ze jong was. Ik kwam op een middag langs de hoofdweg een goede vriendin van mijn moeder tegen en zij vertelde: "Toen je vader verliefd werd op Bomporo, vereerde hij haar van top tot teen." Volgens de verhalen betoverde het uiterlijk van mijn moeder de mannen om haar heen. De mannen, jong en oud, stonden in de rij, allemaal hopend met mijn moeder te mogen trouwen.

En mijn vader had geluk, als een rover die bij daglicht met zijn buit weet te ontsnappen. Hij was de prijswinnaar; door mijn moeder verkozen. Het kostte hem een fortuin: twee koeien en cash geld, dat hij zoals dat hoorde aan zijn schoonvader betaalde in ruil voor zijn bruid.

Ik kan mijn vaders grenzeloze liefde voor mijn moeder bevestigen. Ik heb hem nooit met een andere vrouw gezien en hij besloot na mijn moeders dood dat hij in dit leven nooit met een andere vrouw zou trouwen. Soms vroeg ik me af of haar dood de band tussen mijn ouders zelfs nog sterker had gemaakt dan toen ze nog leefde. Ik vroeg me af of mijn moeder nog bij mijn vader was als geest, vooral wanneer hij alleen was. Soms, wanneer mijn vader alleen in mijn moeders oude akkerhut zat, hoorde ik hem mompelen en haar naam roepen. Hij klonk dan als een medium dat in een vreemd jargon sprak, zachtjes met een diepe stem.

Ik werd toen ik jong was altijd als eerste wakker wanneer de muezzin zijn eerste oproep voor het ochtendgebed deed. Ik had de verantwoordelijkheid om mijn clanleden wakker te maken voor het traditionele vogelschieten en andere vroege activiteiten. Mijn zelfgemaakte rubberen katapult was mijn meest waardevolle bezit. Ik gebruikte steentjes als kogels om met de katapult vogels te schieten. Mijn katapult en ik sliepen naast elkaar omdat ik hem moest beschermen tegen eventuele indringers, want je wist maar nooit wie er midden in de nacht rond sloop.

Na het vogelschieten gingen we met zijn allen rijpe mango's plukken in het verboden woud. We waren als de dood voor dat woud, maar in de moeilijke tijden van het regenseizoen hadden we geen andere keus dan het verboden woud in te gaan om mango's te plukken.

In die tijd moesten we vaak naar bed zonder een fatsoenlijke maaltijd, aangezien de rijstvoorraden zo goed als op waren. Ik was de beste mangoplukker van de groep omdat ik een speciaal werktuig gebruikte dat mijn vader voor me had gemaakt. Het was een lange bamboestok met een dun, bolvormig stuk metaal aan de bovenkant. Het metaal en de lengte van de stok maakten het mogelijk om met één zwiep tientallen mango's naar beneden te halen. We noemden het werktuig "Ga naar de Hel." Mijn vrienden gaven me de bijnaam "Man can go," wat 'mango' betekent.

Langs de Alligatorrivier stonden hoge kokospalmen waar we in klommen en van waaruit we het fruit, dat we 'jellies' noemden, naar beneden gooiden. De verzamelaars onder de bomen moesten goed op hun hoofden passen, want kokosnoten komen net zo hard aan als bakstenen. Het was hard werken om de buitenste laag van het jonge fruit te schillen omdat deze stevig aan de onderlaag vast zat, als een jong aapje dat zich aan zijn moeders buik vastklampt.

Jellies zijn de jonge kokosnoten die nog groen zijn maar vol zitten met zoet en sappig kokoswater. We dronken in overvloed om onze dorst te lessen en onze buiken te vullen, maar ook al hielp het ons door de dag heen, 's nachts rommelden onze magen van de honger.

Tijdens het regenseizoen overstroomde de Alligatorrivier en bracht ons water, vis en krab, waar we met hengels op gingen vissen. De vangst van de dag kookte ik meestal voor mijn vader. Als jongen had ik thuis de rol van moeder, ook al was de traditie dat een vrouw voor het koken en huishouden moest zorgen.

In die moeilijke periode kwam niemand mijn vader te hulp. De traditie zei dat mijn vader met mijn moeders zus had moeten trouwen, die daarvoor openstond na de dood van mijn moeder. De tegenzin van mijn vader om opnieuw te trouwen maakte ons leven zwaar, maar vanwege ons dagelijks geworstel om rond te komen was onze band hecht op een manier die de mensen om ons heen niet begrepen.

Ik groeide op zonder te weten hoe mijn moeder eruit zag. Nooit zag ik haar mijn avondeten bereiden, zoals moeders dat deden voor hun kinderen. Volgens de geruchten raakte mijn moeder vermist toen de rebellen ons dorp aanvielen. Er werd sindsdien nooit meer iets van haar vernomen. Haar lichaam is nooit gevonden.

Sommigen denken dat ze gegijzeld werd door de rebellen, anderen geloven dat ze is verdronken in de rivier toen ze met mij probeerde te ontsnappen. Ik was nog een baby toen ik, in de nasleep van de aanval, huilend en krijsend aan de rivieroever werd aangetroffen. Een paar jaar na het einde van het conflict in ons land werd mijn moeder doodverklaard. Ze werd echter nooit vergeten. Mijn vader rouwde onvermoeid om de dood van zijn vrouw en ieder jaar nodigde hij vrienden en familie uit. Dan brachten ze een offer door een wit schaap te slachten en kookten ze het vlees met groenten tot een soep met rijst. Aan het einde van de ceremonie werd er gegeten en gedronken en zei iedereen gebeden voor mijn overleden moeder.

Tijdens de rouwceremonie deed mijn vader altijd een belofte aan mijn moeders ziel. Hij beloofde dat hij nooit met een andere vrouw zou trouwen. "Ik weet dat je daar op me wacht, Bomporo," zei mijn vader bemoedigend tegen zichzelf.

Toen ik tien jaar oud was verscheen er een man die ik nooit eerder had gezien op mijn moeders herdenkingsdienst. Hij was gepast gekleed voor de sombere gelegenheid, in een donkergetint pak met wit overhemd. Ik vernam later dat de man in dat donkere pak een van mijn vaders halfbroers was, wat betekende dat hij mijn oom was van de eerste bloedlijn. Tijdens de ceremonie zag ik dat hij zeer gerespecteerd werd door de rest van de familie. Ik hoorde ze later over de lokale politiek praten. Uit hun gesprek bleek dat hij goed geïnformeerd, hoog opgeleid en politiek actief was. Hij sprak over politieke en economische onderwerpen zoals de prijs van een zak rijst of een gallon benzine in de stedelijke regio's. Hij leek meer geïnteresseerd in politiek dan in de herdenking waarbij hij aanwezig was.

Na de ceremonie bracht mijn oom de nacht door in ons huis. Ik werd nieuwsgierig toen mijn oom erover begon om mij met zich mee te nemen, want het klonk alsof dat zijn hoofddoel was, en de voornaamste reden waarom hij naar ons dorp was gekomen. Hij wou me duidelijk adopteren en meenemen naar zijn huis in een grote stad die Looking Town heette, waar hij met zijn vrouw en kinderen woonde.

Mijn vaders uitdrukking verbitterde toen mijn oom zijn verzoek deed, hoewel het een vaststaand besluit leek te zijn. Een overeenkomst die mijn vader, een eerlijk man, niet kon weigeren. Hij wilde voor mij een betere toekomst, ook al zou dat betekenen dat ik bij hem weg zou gaan. Ik hoorde mijn oom tegen mijn vader zeggen: "De jongen is nu oud genoeg om naar school te gaan. Ik zal hem meenemen en zorgen dat hij goed terechtkomt." Het was het punt over mijn opleiding dat mijn vader uiteindelijk overtuigde om mij te laten gaan.

Op dat moment werd ik overspoeld door verdriet. Ik was een kind van tien jaar oud, mijn vaders enige kind, een kind met een hoofd vol dromen en ambities. Ik was vastberaden om hard te werken en het verschil te maken in ons huis zodra ik een man werd. In zijn slaapkamer nam mijn vader me bij zich om me advies te geven. "Eba," zei hij, "je bent een jongen die op het punt staat een man te worden. Volg je oom en luister naar wat hij ook maar zegt. Denk er niet aan bij mij terug te komen als je ongehoorzaam bent. Ik geloof in je. Ga! Je hebt mijn zegen." Er liep een traan over zijn wang, net als bij mij.

Het was pikkedonker toen we diep in de nacht bij het huis van mijn oom aankwamen. Binnen sliep iedereen al. "Agnes!" Mijn oom riep zijn vrouw met luide stem, terwijl hij keihard op de voordeur sloeg. "Ja, ik kom eraan," kwam het bezorgde antwoord. De deur werd van binnenuit geopend. "Waarom ben je zo laat?" vroeg ze. "De minibus heeft onderweg twee keer pech gehad. We konden niet veel anders doen dan wachten terwijl hij werd gerepareerd. En dat duurde de halve dag."

De bus had onderweg inderdaad twee keer langs de weg gestaan. Het voertuig was de enige optie voor openbaar vervoer. Het twee keer lange wachten gaf mijn oom de buitenkans om spontaan een gallon palmwijn naar binnen te gieten. Tegen de tijd dat we bij zijn huis waren kon hij nauwelijks rechtop staan en stonk hij naar alcohol.

"Dit is Eba, mijn zoon." Hij introduceerde mij zelfverzekerd, alsof ik zijn biologische kind was. "Eba zal bij ons in huis blijven." Hij kan met zijn broertjes spelen." De sterke drankgeur dampte uit zijn mond en vulde de woonkamer terwijl hij sprak. "Hij is een slimme jongen, net als ik," zei hij. "Hij zal snel met school beginnen en nieuwe vrienden maken."

"Welkom, mijn zoon" antwoordde tante Agnes vermoeid. Ik zag aan haar ogen dat ze het liefst terug wilde naar bed om verder te slapen. Ze nam een dunne deken en een kussen van de bank en gooide ze naar mij. "Neem deze," mompelde ze. "Je kunt in de jongenskamer naast je broers gaan slapen."

Toen ik de kamer inliep herkende ik meteen de geur van urine en bedwantsen. Op het bed lagen twee jongens breeduit te slapen, waardoor er geen ruimte over was voor mij. Ik wist niet of ze ook maar iets over mij wisten, het nieuwe familielid dat zich nu bij hen zou voegen. Ik spreidde de katoenen deken op de vloer naast het bed en ging stilletjes liggen, maar ik viel niet in slaap. Ik miste mijn vader en Sembu en Yakuba, twee vrienden waarmee ik de 'Home Clan' vormde.

Toen ik kennelijk toch in slaap was gevallen en de volgende ochtend mijn ogen opende was het licht. De twee jongens waren al wakker en maakten zich klaar om naar school te gaan. De kamer rook naar vaseline vermengd met verbrande palmolie. Ik kende de geur, want ik gebruikte dezelfde zalf wanneer ik een bad nam. Nadat ze hun blauwe overhemd en kaki broek hadden aangetrokken, lieten de jongens me daar liggen op de vloer zonder ook maar een woord te zeggen.

Mijn oom bleek een bedrieger en een schurk. Hij was het soort man dat altijd opschepte over zijn kunnen en harde werken. Hij had het vaak over het leed dat hij had moeten doorstaan om zijn verblindend geel geverfde huis te kunnen bouwen. Hij noemde het zijn altaar. Hij had het voor elkaar gekregen om uit de armoede te ontsnappen waarin hij en zijn broers geboren waren en die hij de tombe van behoeftigheid noemde. In zijn jeugd had een priester hem meegenomen naar Looking Town. De man was op een dag naar zijn dorp gekomen om de armen te helpen met hun opleiding en medische problemen. Na een paar jaar hard werken vertrok de priester weer. Hij adopteerde mijn oom, omdat hij de slimste van alle jongens was, en nam hem mee naar Looking Town, waar hij de kans kreeg om naar school te gaan en later zelfs af te studeren met een bachelor in theologie. Mijn oom verlegde echter zijn pad van de religie naar de politiek. Dat was een zet die, volgens de geruchten van andere familieleden, de priester zwaar had teleurgesteld. De priester had namelijk veel in mijn oom geïnvesteerd in de hoge verwachting dat hij God zou gaan dienen.

Mijn oom, Sanday Yoko, was geliefd onder zijn vrienden die hem "The Commoner" noemden. Die naam was ook zijn politieke charme. Hij maakte er goed gebruik van en baande zich succesvol een weg naar de hoogste klasse.

Mijn moedertaal kent een gezegde dat iets goedschiks of kwaadschiks moet gebeuren. Het lukte oom Sanday om de sociale ladder te beklimmen en zijn doel om politicus te worden te behalen, maar daarbij was hij een egoïst. Het gebeurde in Afrika vaak dat mensen rijk werden zodra ze betrokken raakten bij de politiek of een positie aannamen bij de gemeente. Corruptie was de norm voor iedere man bij de overheid. Van politieagenten tot docenten, van eeuwige secretarissen tot eerste ministers. Ze werden een verenigde hoop spanrupsen die zich nergens voor interesseerden en de ingewanden van de hongerige massa's verbrasten.

Mijn oom noemde mijn vader altijd een luie, slapende beer zonder plannen. Dat riep hij vooral hard wanneer hij zijn palmwijn dronk. "De pan van de luiaard is altijd leeg!" zei hij met een provocerend gezicht tegen onze buren, die armer waren dan wij.

Ik was degene die hem iedere dag zijn vers getapte palmwijn moest brengen voordat de alcoholisten zich naar de bar zouden haasten en alles op was. Hij genoot er ook van mij te vertellen hoe hij druk op zoek was naar de vrouw die met mijn vader kon trouwen, want hij was ervan overtuigd dat dat mijn vader uit zijn sluimerende leven zou wekken. Hij zei zulke lichtzinnige dingen wanneer zijn blote, harige buik recht vooruit stond, waarschijnlijk vanwege de gist die werd gebruikt om commerciële palmwijn te fermenteren. De kwestie van mijn vaders hertrouwen was belangrijk. In onze traditie was een man zonder vrouw een man zonder waarde. Zulke mannen kon je niet vertrouwen in welke positie dan ook.

Een jaar later ging ik nog steeds niet naar school. "Eba, ik stuur je naar school zodra het nieuwe semester begint", zei mijn oom. Maar iedere keer stelde hij het moment weer uit. Ik groeide op als een eenvoudige dienaar. Ik deed alle vieze klusjes rond het huis, ik deed de afwas, ik ging naar de markt om boodschappen te doen, en de lijst ging maar door en door. Ik werd uitgelachen door de andere kinderen in onze buurt. "Wanneer gaan ze je nou naar school sturen, ouwe jongen?" riepen ze dan, luid lachend terwijl ze naar school liepen. Soms bekogelde ik ze met stenen om ze weg te jagen, mijn gezicht nat van de tranen.

Ik had slechts één trouwe vriend, Alimamy. De moeder van Alimamy bezat een klein restaurant langs de hoofdweg die het stadcentrum inliep. Soms hielp ik haar cassavebladeren te stampen. Ze maakte mijn leven draaglijker door me iedere werkdag te voorzien van een extra bord rijst. Deze actie maakte de vrouw van mijn oom, Agnes, woedend. Ze was een korte en mollige vrouw die scherp en met gezag sprak. Ze werd door de mensen de "Sowei" van mijn oom genoemd, wat betekende dat ze zijn medicijn was. Al werd oom Sanday gezien als een belangrijk figuur in onze gemeenschap, hij luisterde alleen maar naar zijn vrouw. Tante Agnes, zoals ik haar moest noemen, beschuldigde me ervan dat ik de familie had opgezadeld met een afschuwelijk reputatie doordat ik een alledaagse voedselverkoopster hielp met 'goedkope arbeid', zoals zij dat noemde. Ze deed alsof ik iets verschrikkelijks had gedaan, alsof ik iemand verraden had. "Dit is een complete schande voor onze familie, zeker in de ogen van de buren," zei ze ziedend, en als antwoord op haar klagen werd ik door mijn oom gestraft. Hij sloeg me, twaalf keer op mijn blote rug, met een droge rieten stok. Als ik ook maar een kik gaf, begon hij opnieuw.

Toen ik me uiteindelijk had neergelegd bij het feit dat het recht om naar school te gaan me was ontnomen, probeerde ik slim te zijn door met mijn neven en nicht mee te gaan als ze naar een studiegroep gingen of bij hen te zitten als ze 's avonds hun huiswerk maakten. De kinderen van mijn oom werden qua opleiding goed verzorgd door hun ouders. De twee jongens, Mo en Sol, werden door hun moeder uitgebreid verwend. Zij gingen naar de Sint Angelico middelbare school voor jongens, een privéschool waar ze beiden een opleiding van de hoogste kwaliteit genoten. Het meisje, Gina, ging naar een privéschool voor meisjes die ook als kostschool diende, al was het alleen voor kinderen uit families met politieke invloed of wiens achternamen verbonden waren aan koloniale overheersers. Gina kwam altijd met de schoolvakanties thuis. Ik was jaloers op de anderen en boos op mijn vader omdat hij mij nooit naar school had gestuurd en omdat ik van hem niet terug mocht komen als het bij mijn oom niet goed ging. Toch was Gina aardig tegen me. Ik voelde dat ze het oneerlijk vond dat haar vader, een invloedrijk man, mij niet naar school stuurde terwijl hij zich dat makkelijk kon veroorloven. "Je bent erg slim, Eba, je leert snel," zei Gina wanneer ze me in haar vakanties leerde lezen of schrijven. Ik was ook goed in spelling en versloeg tijdens spelwedstrijden soms zelfs jongens die wel naar school gingen.

Nadat de burgeroorlog was afgelopen ging het militaire regime gewoon door met het inlijven van jongeren in het leger, kinderen die nauwelijks volwassen te noemen waren. Een jaar nadat de verschillende partijen die deel hadden genomen aan de oorlog een vredesverdrag hadden getekend, begon het regime een nieuwe oorlog vanwege een grensgeschil met ons buurland. Tijdens de eerste burgeroorlog had ons buurland Nane, na een overeenkomst met het regime, hun zesde bataljon ingezet als ondersteuning tegen de rebellen. Sindsdien was het zesde bataljon neergestreken bij de strategische grensstad Kennen, een omgeving die erom bekend stond rijk aan goud te zijn. Kennen had ook een haven aan de rivier die de grens vormde tussen de twee landen. Het grensgeschil ontstond toen het bataljon van Nane weigerde uit de goudrijke stad te vertrekken toen dat bevel werd gegeven door het regime. In plaats daarvan beweerden ze dat Kennen officieel bij hun land hoorde en dat zij het gebied in beslag namen in naam van Nane. Een paar maanden later verergerde het geschil, toen de vreemde troepen uit Nane de burgers van Yougosoba dwongen belasting te betalen aan de regering van het buurland. Lokale vissers mochten niet meer in de rivier vissen van de soldaten, die hun aandacht richtten op het mijnen van goud en diamanten in de omgeving.

Generaal M'banga, de leider van ons regime, verklaarde toen de oorlog aan de Republiek van Nane, die tegenstribbelde toen de troepen uit Kennen moesten vertrekken. Velen verzetten zich tegen het idee om opnieuw de oorlog in te gaan, nog geen jaar na het tekenen van een vredesverdrag. Dat verdrag had een lange lijdensweg en een wrede oorlog beëindigd. Hoewel de meerderheid vond dat Kennen bij ons hoorde, was de grote vraag op ieders lippen of het niet wijzer was om het wat tijd te geven en het dispuut met ons buurland op te lossen aan de onderhandelingstafel in plaats van met wapens en oorlog. Deze nieuwe tactieken van het regime werden toentertijd door het merendeel van de bevolking gezien als nutteloos.

Het grootste verzet bestond bij een klein groepje dat geloofde dat deze zet een truc van Generaal M'banga was om de democratische verkiezingen uit te stellen, die onder internationale druk aan het regime waren opgelegd als onderdeel van de vredesovereenkomst. Generaal M'banga weigerde verkiezingen te houden vanwege zijn koppige overtuiging dat, zoals hij zei: "Ons land nog steeds in oorlog is." De generaal voerde toen een besluit door dat verordonneerde dat iedere onopgeleide jongvolwassene het leger in moest. Zij die weigerden zouden de volle kracht van de wet voelen en voor lange tijd worden opgesloten als politieke gevangenen.

Op een avond kwam mijn oom thuis, halfdronken, met een stuk papier waarop een tekst was geprint. Voor de ogen van zijn vrouw en kinderen riep hij "Eba, kom hier!" terwijl de geur van palmwijn uit zijn zweet walmde. Ik kwam nieuwsgierig dichterbij. "Ja meneer," reageerde ik als altijd. "Dit is een formulier van het leger dat jij gaat ondertekenen," zei hij. "Je gaat bij het leger, waar je een echte man zult worden." Iedereen lachte, maar mijn gezicht vertrok. Ik was toen zo'n zestien jaar oud.

"Ik wil niet bij het leger!" riep ik door mijn tranen heen terwijl Sol, die naar de universiteit zou gaan, me stond uit te lachen. Ik wilde hem op zijn neus slaan, maar realiseerde me dat dat wel het domste was wat ik kon doen. Ik dacht aan mijn vader. Hoe hij huilend toekeek terwijl zijn enige kind aan de rivieroever in een kleine kano stapte op de dag dat ik mijn dorp verliet. Ik vroeg me af of mijn vader en ik elkaar ooit nog zouden zien en waarom mijn vader huilde terwijl het zijn eigen beslissing was geweest om me aan zijn halfbroer over te dragen. Wat zou hij ervan vinden dat ik nu ongeschoold het leger in ging?

De commandopost

Het was half vijf 's ochtends. Nog zo'n slapeloze nacht waarin ik me afvroeg hoe ik mijn oom kon overtuigen om me niet aan het leger uit te leveren. Het geluid van een ronkende motor voor het huis deed me opschrikken. Ik spitste mijn oren tot het geluid plots verdween en vervangen werd door een hard gebonk op onze metalen deur.

"Meneer Sanday! Doe open!" bulderde een stem als donder. "Ik kom eraan," antwoordde mijn oom, alsof hij de hele nacht op dit signaal had zitten wachten. Gealarmeerd veerde ik op mijn slaapmatje overeind. Ik luisterde naar mijn oom die de deur opende en een stem, die ik nog niet eerder gehoord had, vroeg: "Waar is hij? We hebben haast. We zijn op een missie." "Eba!" riep mijn oom en al voordat ik antwoord gaf, wist ik dat het leger voor de deur stond.

Hij stelde me voor aan de mannen bij de deur. Ze waren in volledig militair uniform gekleed en droegen een rode band om hun arm, bedrukt met de letters "MP". Gelaten liet ik me door mijn vaders halfbroer overhandigen aan het leger, in een tijd waarin niemand meer trots was om de wapens op te pakken voor zijn land. Ik zag hoe tante Agnes, samen met haar kinderen, op de veranda stond en toekeek hoe het allemaal gebeurde, maar niets deed om me te helpen. Gina wreef de tranen weg uit haar gezicht.

De ochtendzon kwam net op over het stoffige land toen

we aankwamen bij de CPL, oftewel de Commandopost van het Leger. Overal zag ik jongeren van mijn leeftijd die al in uniform gestoken waren en over het open veld paradeerden. Ze hadden vastberaden uitdrukkingen en droegen automatische geweren terwijl ze oefeningen deden. Verderop op het open veld werden andere geronselde groepen getraind. Ze renden rondjes over het trainingsveld, hun teamleider voorop met een korte, harde stok onder zijn linkerarm. Bij het rennen zongen de jongens met luide, zware stem een lied:

"Er is geen moeder hier,
Er is geen vader hier,
We zullen trainen tot bloedens toe."

Het gehele kamp gonsde van de trainingsactiviteiten. Aan de rand van het kamp, bij de bosjes, lag een schietbaan waar een peloton bezig was met een schietoefening. De man die de leiding had, een kolonel in een alledaags militair T-shirt, camouflagebroek en bruine laarzen, reed rond in een groene jeep met open dak. Hij overzag en inspecteerde de verschillende oefeningen in het kamp waar het Eerste Zweepbataljon werd gehuisvest. "Train tot bloedens toe" was de slogan van het leger. Het stond trots op de muur geschreven bij de ingang van het kamp.

Onze groep was de laatste die die morgen aankwam, vers en klaar om aan het kruis genageld te worden en daarna weer op te staan om het leger te dienen. We werden ontvangen door een team van vier onderofficieren onder leiding van een korporaal met de naam Caro, volgens het naamplaatje dat op zijn borstzakje gespeld zat. Korporaal Caro had ongetwijfeld al vele troepen gedisciplineerd. Ik herkende de genadeloze uitdrukking die in zijn gezicht was uitgehakt. De onderofficieren waren netjes gekleed en droegen blauwe banden om hun arm. Ze bevalen ons in twee rijen te staan voordat ze ons te voet naar de plek brachten waar we getraind zouden worden. Na een korte mars kwamen we aan bij een grote groene tent, waar zo'n vijftig geüniformeerde soldaten in lange rijen in de houding stonden, hun hoofden kaalgeschoren. Op een bord stond "Compagnie D, hier zijn jullie niet welkom." Ik gluurde de tent in en zag dat die vol stond met kampeerbedden, netjes opgesteld in rijen. Naast de bedden lagen tassen met militaire uitrustingen, die waarschijnlijk van de soldaten waren die daar sliepen.

De stafsergeant was een lange en stoere soldaat. We moesten apart van de andere soldaten staan terwijl de onderofficieren ons overleverden aan het hoofd van het team dat ons geronseld had. Zijn naam was Stafsergeant Njai, een grote en gespierde man met een perfect getrimde hoefijzersnor, die tot op de hoeken van zijn lippen liep. De snor was zo dik dat ik zijn bovenlip nauwelijks kon zien. Hij had een vierkant gezicht met een sterke kaak. Je kon aan zijn uiterlijk zien dat Njai een ervaren soldaat was. De sergeant, samen met zijn team van vier assistenten, bereidde een trainingsplan voor terwijl wij stonden te wachten. Iedereen was stil en geconcentreerd. Na een tijdje hoorde ik het geluid van stampende laarzen. Het kwam van een team van twaalf man van logistiek. Ze droegen militaire uitrusting bij zich die in plastic zakken was verpakt, en dus nog ongebruikt was.

"Bereid je voor om klaargemaakt te worden, stelletje vuile burgers!" commandeerde een kleine en oud uitziende soldaat van het logistieke team. Ik schrok op omdat we tot dan toe nog geen bevelen hadden gekregen. Mijn teamgenoten, net zo verbaasd, keken elkaar met grote ogen aan. "We gaan jullie koppen scheren voor de training," zei een soldaat met een donderstem. "Jullie stinken." We werden opzij genomen en gevraagd om ons uit te kleden. De soldaten van logistiek haalden hun scheersets tevoorschijn en begonnen met hun werk. Ik zag een paar bebloede hoofden na de scheeroperatie.

We werden voorzien van groene camouflage-uniformen en pakketten vol militaire uitrusting, van baretten tot laarzen en rugzakken. Zodra ik me verkleed had, voelde ik me alsof ik een nieuwe man was geworden, wat ik verschrikkelijk vond. We voegden ons bij de andere rekruten. De pan, mok en lepel die aan mijn rugzak bungelden maakten een verontrustend geluid. We kregen te horen dat onze training twee weken zou duren en dat we, zodra we klaar waren, meteen naar de grens zouden worden verscheept. Buiten op het hoofdveld stonden stafsergeant Njai en zijn team paraat om met de training te beginnen en we maakten ons klaar om hun orders op te volgen. "Niemand van jullie hier is een stomkop." Sergeant Njai sprak zijn nieuwe rekruten toe. "Jullie zijn jongens. Jong, slim en fit. Als je dat niet van jezelf vindt, dan ben ik hier om je je mening te laten herzien." De sergeant keek serieus terwijl zijn zoekende ogen ons scanden vanaf het verhoogde platform. "Vanaf nu," ging Njai verder, "zien jullie jezelf niet meer als jongens, maar als mannen. Mannen die gezworen hebben hun levens en diensten te offeren aan het vaderland. Wees diegene die de leiding zal nemen in dit nieuwe gevecht en maak het verschil. Vandaag beginnen we met jullie voorbereiding door jullie lichamelijk en mentaal sterk te maken. Als je denkt dat je niet rijp genoeg bent om geplukt te worden dan moet je daar eens goed over nadenken! Vooruit!" schreeuwde hij.

Zo begon de training. De hele troep werd meegenomen naar het bos en in vier groepen verdeeld, elk met zijn eigen leider. Iedere groep moest houthakken, loopgraven uitgraven en in bomen klimmen. De volgende dag begon de training, die bestond uit het rennen van lange afstanden, kruipen en hangen aan touwen om langs obstakels te komen. Mijn spieren werden stijf en raakten helemaal in de knoop door de constante druk die de trainers op ons legden. Het was alsof ze varkens aan het vetmesten waren voor marktdag. Twee weken is te kort om een professioneel soldaat te trainen. Het gebrek aan tijd betekende dat de instructeurs ons snel tot voorbij onze limieten moesten drijven. Door de gespannen situatie aan het front had het leger in die tijd zo snel mogelijk meer manschappen nodig.

Op de vierde dag van de training besloot ik uit het kamp te ontsnappen. Die dag was de dag waarop we met de schiettraining zouden beginnen. Het was drie uur 's ochtends en iedereen in de tent was diep in slaap, behalve ik. Mijn hoofd was helemaal in beslag genomen door mijn ontsnappingsplan, waardoor ik niet kon slapen. Ik had onder de dekens mijn uniform al aan om het me iets makkelijker te maken, zodat ik alleen mijn laarzen aan hoefde te schieten zodra het tijd was. Toen deed ik wat ik had gepland. Op mijn tenen zocht ik een weg tussen mijn kameraden door zonder ook maar iemand te storen. Toen ik de tent uitstapte werd ik gestopt door de nachtopzichter, die toevallig één van mijn groepsgenoten was. "Wie is daar?" vroeg hij. "Een vriend." "Waar ga je naartoe, Eba?" "Ik moet mezelf even ontlasten." "Ah, de plicht roept. Doe voorzichtig, rond deze tijd zitten daar slangen." "Ik ben toch soldaat?" antwoordde ik vol vertrouwen.

Mijn ontsnapping ging zo gladjes dat ik het bijna niet kon geloven. Majestueus sprong ik rond op mijn tenen en zette het op een lopen zodra ik de bosjes had bereikt. Ik was blij dat het kamp geen toiletgebouwen had en iedereen zijn behoefte deed in de dichtstbijzijnde struik. Ik had van een groepsgenoot gehoord dat ontsnappen uit een militair trainingskamp tot dodelijke gevolgen kon leiden. Een verhaal dat rondging was dat van een jonge soldaat die had geprobeerd te ontsnappen tijdens een uitwisseling. Hij was neergeschoten voor de ogen van de mensen op de markt, waar het konvooi was gestopt om inkopen te doen. "Ze hebben hem van achteren neergeschoten terwijl hij wanhopig probeerde weg te rennen," vertelde mijn groepsgenoot. Ondanks dit verhaal en andere verhalen die erop leken, liep ik alsnog weg. Ik wilde absoluut niet in het leger blijven.

De lucht was nog steeds donker toen ik na een tocht van twee uur bij het huis van Alimamy aankwam. De zon was nog niet eens op en de deur naar zijn kamer zat nog op slot. Alimamy was ongeveer een jaar geleden, toen hij net zeventien was geworden, naar een grotere stad genaamd Manga verhuisd, waar hij in een piepklein kamertje op zichzelf woonde. Omdat hij door echte ouders was opgevoed, had hij de vrijheid om voor zichzelf te beslissen. Zelfs nadat hij in Manga ging wonen waren we nog steeds goede vrienden. Ik had hem soms in zijn kleine kamer opgezocht, waar we rondhingen met zijn schoolgenoten.

Nadat ik meerdere keren op Alimamy's deur had geklopt, deed hij eindelijk open. Hij had alleen een onderbroek aan en keek vreselijk chagrijnig. Maar al snel maakte zijn boze houding plaats voor verbazing en keek hij met grote ogen naar mijn militair uniform.

"Mag ik binnenkomen?" vroeg ik. "Sorry, ik kan je niet binnenlaten," zei hij, "ik heb bezoek op mijn kamer." Hij keek me wat schaapachtig aan en ik begreep hem. Ik nam vroeger ook vreemden mee naar Alimamy's kamer. Het soort vreemden dat we allebei goed kenden.

"Wat is er met je gebeurd, Eba?" "Mijn oom heeft me tegen mijn wil het leger ingestuurd. Ik wilde niet gaan dienen en dus ben ik naar jou gekomen, want ik heb geen idee waar ik anders heen moet. Ik heb je hulp nodig." Hij keek naar de lucht en knikte. "Kom mee naar de tuin," zei hij.

Dankzij het restaurant van zijn moeder had Alimamy veel contacten. "Eba," vervolgde hij fluisterend, "Je zit diep in de nesten. Ik zal je naar een man sturen die ooit bevriend was met mijn vader. Hij helpt veel jongens die in dezelfde situatie zitten als jij. Hij is ertegen dat het regime jongens dwingt om het leger in te gaan. Hij heet Karamokoh Dambay. Hij woont in een dorp dat hij zelf gebouwd heeft, twaalf mijl hiervandaan. Het heet Pameronkoh. Je bent daar veilig en ik denk dat hij je zal helpen een andere plaats te vinden waar je naartoe kunt. Maak nu dat je wegkomt voordat het leger je hier vindt."

Ik deed mijn uniform uit en trok burgerkleding aan die

Alimamy me gaf. Met zijn hulp dumpte ik het uniform in het riool, met een lange stok recht de stront in. Die vroege ochtend was de laatste keer dat ik mijn goede vriend zag. Zowaar een echte vriend.

Een voorspelling

Ik liep de twaalf mijl naar Pameronkoh zo snel als ik kon. Dankzij mijn vlugge pas leek de afstand een stuk korter. Mijn aankomst in het dorp was een enorme opluchting. Het dorp was gebouwd door een traditionele genezer, die daarnaast ook bekendstond als lokale politicus.

Karamokoh Dambay werd door het hele land vereerd voor zijn geneeskunst met behulp van natuurlijke kruiden. Zijn verzet tegen het regime maakte hem populair onder de lokale bevolking. Die populariteit maakte hem kwetsbaar voor het gevaar van het wrede regime. Dat gevaar kleefde aan hem als een aapje op zijn rug. Karamokoh had al vijf keer in de gevangenis gezeten voor het publiekelijk tegenspreken van het regime. Als de traditionele genezer daadwerkelijk zo'n humanist was, was ik blij hem te ontmoeten en hem over mijn lot te laten beslissen.

Zelfs van een afstand was de geur van pruttelende traditionele kruiden genoeg om me te laten beseffen dat ik me bevond in een heiligdom van genezing. Ik kwam langs veel mensen die eruitzagen alsof ze van veel verder weg waren gekomen dan ik. Gewonde zielen, wanhopige en geestelijk zieke mensen kwamen vanuit het hele land voor de oplossing van hun problemen en de genezing van hun wonden.

Karamokoh, één van de beste traditionele genezers van het Continent van de Leeuwen, was een kleine man van zo'n zestig jaar oud, gekleed in een lang rood gewaad. Zijn linkerbeen was om een wandelstok gebogen, die hem ondersteunde bij het lopen en staan. Het leek erop dat hij gehandicapt was aan een van zijn benen. Hij was minder charismatisch dan ik verwacht had, maar hij kwam alsnog over als een spontane en zelfverzekerde man. Ik voelde de magie op het moment dat ik zijn hand schudde. Van zijn handdruk kreeg ik het merkwaardige gevoel dat Karamokoh mijn palm kon lezen en dus mijn toekomst kon zien.

"Wat brengt je hier, jongeman?" vroeg hij en hij wuifde me naar binnen voordat ik ook maar kon antwoorden.

Ik had mezelf nog niet voorgesteld, maar hij begon al te praten. "De zielen van je vader en je moeder hebben je hier naartoe geleid. Je bent een jongen met veel geluk. Je zult hier de antwoorden vinden op vele van de vragen die je jezelf hebt gesteld," zei hij zonder humor. Eerste indrukken zijn erg belangrijk en ik was zo onder de indruk van zijn eerste woorden, dat ik niet anders kon dan in hem geloven.

We gingen een kleine hut binnen, gebouwd uit lemen stenen zoals de rest van het dorp. Hij gaf me wat water uit een kleien pot. "Je hoeft niets uit te leggen, mijn zoon," stelde hij me gerust toen ik me voor de tweede keer probeerde voor te stellen. "Ik weet wie je bent, mijn zoon," zei hij, "de kikker verlaat bij daglicht niet zomaar zijn hol." Ik viel stil terwijl hij doorging met spreken. "Ik weet dat de voorouders de Goden ontmoet hebben, en dat jouw lot al was bepaald voordat je je vaders dorp verliet. Ik moet alleen uitzoeken naar waar je op weg bent, wanneer en hoe."

Ik voelde kippenvel over mijn huid trekken en mijn mond zakte open. Karamokoh ging door over mijn moeder en vader, noemde ze zelfs bij naam. Toen besloot ik dat ik eindelijk een levende profeet had ontmoet. "Morgen, bij volle maan, zullen we met rituelen de antwoorden vinden op jouw toekomst," sprak hij terwijl hij me door zijn huis rondleidde en een kleine kamer binnenbracht, die hij mij aanbood voor mijn verblijf. Rillend legde ik me neer op een laag, houten bankje, van top tot teen bedekt door vier dikke dekens.

De rook van de reinigingsceremonie, die de volgende dag twee uur duurde, was dik en verstikkend. Tussen mijn benen stond een aluminium pot gevuld met natuurlijke en traditionele kruiden. Uit de pot steeg rook op en ik voelde de hitte ervan in mijn ogen en neusgaten. "Kijk naar de rook. Jouw toekomst is voorspoedig. De bladeren hebben je roep beantwoord. Velen worden geroepen maar slechts enkelen gekozen. Jij bent een van de uitverkorenen, Eba!" Karamokoh lachte luid en overlegde met de andere mannen die hem in het proces hadden geholpen. Ze leken het met hem eens te zijn dat de bladeren mijn roep beantwoord hadden.

De geur van de groene kruiden was sterk en verontrustend. De hitte van het koken liet mijn lichaam zo erg zweten dat het eruitzag alsof ik door een stevige regenbui had gelopen. Karamokoh keek me bedenkelijk aan en instrueerde me, "Ga nu en neem wat rust. We gaan morgen weer verder."

Het gehele proces duurde drie dagen, waarna Karamokoh me doorverwees naar de volgende fase. Het gehele gebeuren liet me zwak en moe achter. Ondanks het feit dat ik geen idee had wat er nu zou komen, was ik opgewonden omdat ik geloofde dat ik in de handen was van een man die me kon helpen.

Onder het felle licht van de volle maan lag ik op een plastic mat en vroeg me af hoe mijn oom zou reageren op mijn ontsnapping uit het trainingskamp. Zou het hem überhaupt iets kunnen schelen dat de Militaire Politie naar me op zoek was? Ik ging er niet vanuit. Om me heen liepen mensen kriskras door elkaar, aangezien er meerdere rituelen en genezingsceremonies tegelijk bezig waren in het toevluchtsoord. Een van Karamokoh's leerlingen kwam naar me toe met de mededeling dat het volgende ritueel en de rest van het proces kon beginnen. "Je moet de hut achter die boom daar ingaan. Je zult daar iemand vinden die je raad en meer informatie zal geven. De persoon verwacht je al, dus ga alsjeblieft snel."

Ik stapte de smalle hut binnen, waar een oude vrouw bezig was thee te maken in een kleine kleien pot, die op drie ijzeren blokken stond met een brandend vuur eronder. Ze zag er ongeduldig uit en haar lichaam trilde van de ouderdom. "Welkom, mijn zoon," fluisterde ze zwakjes. "Je bent één van de krachten waar we op hebben gewacht en hoewel je wat laat bent, beter laat dan nooit," zei ze met een lachje. Ik was te moe door de rook en de ceremonie om de vrouw te antwoorden. Mijn ogen waren zwaar en ik verlangde naar een bed. "Hier is je thee." De oude vrouw reikte me een drinkbeker vol hete, bruine vloeistof aan. Stoom walmde in mijn gezicht. Mijn voorhoofd was nat van het zweet en voelde klam aan, zoals de morgendauw op de bladeren van de oogst in het droge seizoen.

"Drink!" commandeerde de vrouw. "Drink de fijnste en

meest geliefde kruiden. Het zal de woorden uit je mond zoeter maken dan honing en je mannelijkheid sterker dan ijzer of solide steen." De hete vloeistof brandde mijn keel bij de eerste slok en het kostte me een paar minuten om aan de hitte te wennen en de thee vol gember, kruidnagel en citroengras op te drinken.

De oude vrouw deed me denken aan het verhaal dat ik ken van de heks en de nachtwaker. De diepe rimpels rond haar ooghoeken vormden precies de goede hoek met haar slapen. Haar ogen fonkelden in het donker als die van een kat in een nachtmerrie. Haar mond liep iets omlaag richting haar kin, de kin van een aasgier, en ze klemde een pijp tussen haar lippen. Hoewel haar lichaam bedekt was met een simpele zwarte doek kon ik de gespannen aderen op haar onderarmen zien. In mijn verbeelding was zij de heks uit het verhaal.

Mijn gedachten dwaalden af en ik vroeg me af of ze daadwerkelijk een heks was. Hekserij is een sterk traditioneel geloof in mijn geboorteland. Voor de doorsnee man in mijn land komt al het kwade voort uit hekserij, terwijl al het goede van God komt.

Het was al middernacht toen ik uit de hut van de vrouw vertrok. De maan was onzichtbaar en waar drie uur geleden nog een blauwe fluwelen lucht was, hing nu een donkere sleep. Ik kon geen hand voor ogen zien. Het hele heilige dorp was al in diepe slaap en tegen de tijd dat ik op mijn slaapmatje rolde, kon ik niet wachten om mijn lichaam en geest te laten rusten.

Ik werd wakker van het gekraai van een haan en het luide gekletter van aluminium potdeksels dat vanuit de keuken kwam. Blijkbaar was ik de vorige nacht zonder ondergoed naar bed gegaan. Ik was alleen gekleed in de simpele witte lap die tijdens de rituelen om mijn lichaam was gewikkeld. Ik zag eruit alsof ik binnenkort in een graf gelegd ging worden.

Ik groette het hoofd van de medicijnmannen, "Goedemorgen, Karamokoh." Hij zag er zelfverzekerd uit in zijn lange rode gewaad. In de hoek van zijn mond klemde hij een nog brandende kluit tabak. "Je ziet er fris en fruitig uit, jongeman. Gisternacht ontving ik van de Goden een voorspelling over je reis en ze vroegen me die aan je door te geven." Hij pauzeerde even om mijn reactie te polsen, die wat lauw was. Ik had nog moeite om mijn verlangen naar stilte in de vroege morgen los te laten. Mijn zwijgen gaf hem de gelegenheid om verder te gaan met zijn profetische boodschap van de Goden. "Er is een plek die het Beloofde Land wordt genoemd," begon hij, "het ligt in het Zuidoosten, maar dan aan de andere kant van de zee."

"De zee over?" vroeg ik, mijn gezicht verwrongen in ongenoegen. Hij negeerde me en ging verder. "De Goden hebben je voorbereid om te vertrekken en een geroofde schat terug te halen, die van onze voorouders gestolen is door mannen met zilveren zwaarden: De Honderd Gouden Paarden." Hij noemde de schat met een gezicht vol wraaklust voordat hij doorging. "De schat is eeuwen geleden over de zee meegesmokkeld door mannen die er ongezond uitzagen en zilveren zwaarden droegen. Ik geloof dat het grootste deel van de schat in een ondergrondse stad in het Beloofde Land wordt bewaard. Als het je lukt om daar te komen zal een deel van de schat jou toebehoren, Eba." Hij stopte even en keek me indringend aan voordat hij verder ging. "Het zal een enorm aandeel van je erfgoed zijn. Ga naar de zuidelijke grens en zoek een man die Jack Blaak heet. Hij woont in een dorp dat Blamba heet en hij is een missionaris van God en helpt mensen zoals jij. Zijn levensmissie is om een weg te vinden voor diegenen die gedwongen worden dit land te verlaten. Niet uit eigen keuze, maar als gevolg van angst, constante onderdrukking en politiek gevangenschap, zoals het nu gaat onder dit regime. Ik ken meneer Blaak niet persoonlijk als missionaris, maar ik geloof in zijn geest. Ik geloof dat hij een goed mens is, aangezien ik hem een aantal slachtoffers heb gestuurd en hij hen altijd geholpen heeft. Daarom geloof ik dat hij jou op weg kan helpen en je de route naar het Beloofde Land kan tonen waar je leven zal veranderen." Toen hij klaar was met zijn preek wees hij met zijn wijsvinger in zuidelijke richting en schraapte zijn keel. Ik wist dat wanneer een man zijn keel schraapt, hij meestal meer wil zeggen en dit was geen uitzondering.

Karamokoh vervolgde zijn voorspelling. "In jouw geval hebben de geesten me gewaarschuwd dat je me momenteel niet kunt betalen, je bent slechts een arme wegloper, maar we kunnen een deal sluiten als je dat wilt," stelde hij voor. "Ja meneer, dat kan. Ik doe alles wat u wilt, meneer," antwoordde ik met wanhopige stem. "Ik kan je garanderen dat het je zal lukken om het Beloofde Land te bereiken en de schat terug te halen. Daar twijfel ik niet aan, maar ik eis dat je me de helft van de waarde van de schat terugbetaalt. Je moet eerlijk tegen me zijn wanneer de tijd daar is, anders zullen mijn ogen voorbij de zeeën kijken en mijn armen lang genoeg zijn om je waar je ook maar bent te bereiken."

Hij glimlachte en ging op serieuzere toon verder, "Eba, de Goden verbieden het om met lege handen terug te komen. Om terug te komen zonder mijn deel van de gestolen schat. Ik denk dat je wel weet wat de gevolgen zullen zijn, mocht je falen." Hij viel stil en boorde zijn blik in mijn gezicht, zijn ogen glinsterend als een rood stralend vuur. "Ja, Karamokoh," stemde ik in.

"Zodra je voet zet op de grond van het Beloofde Land zal alles goed zijn. Geen pijn meer, geen zorgen meer. Ongeluk zal je nooit de weg versperren en voor de rest van je leven zal je succes genieten. Nadat je dit land verlaat moet je onthouden dat jouw leven en het mijne voor eeuwig zullen veranderen. Ga nu! Ga naar het Beloofde Land en vind je gestolen schat!" riep hij terwijl zijn rug naar mij draaide en weg begon te lopen. Toen ik me omkeerde om het dorp te verlaten ontdekte ik dat we de aandacht hadden getrokken van de andere patiënten. Ze stonden naast hun hutten alsof ze een afscheidsgroet gaven aan de gekozen zoon, die moest vertrekken om op avontuur te gaan en een heilige schat te zoeken die het land van gevangenschap kon redden. Mijn ogen prikten van de tranen en ik had het gevoel dat ik, Eba Yoko, de zoon van een boer en een palmwijntapper, op het punt stond om een nieuwe wereld te betreden. Een wereld waar ik niets van wist maar die ik moest ontdekken. Ik zag op tegen de reis en kon niet bepalen of ik op weg was naar de onderwereld of dat ik de nieuwe echte wereld zou gaan zien. Zou het zijn als in de verhalen die mijn grootmoeder me vertelde, over de angstaanjagende wereld, of zou het de echte wereld zijn waarin mijn moeder zaliger had moeten lijden om mij te baren?

Na mijn afscheid van Karamokoh ging ik naar de hut van

de oude vrouw om gedag te zeggen. Ze kwam naar buiten, zoende me op mijn voorhoofd en overhandigde me een plastic pakje gevuld met een mix van gari, suiker en pindakaas. "Eet hiervan wanneer je hongerig bent. Het zal je in leven houden en sterk houden tijdens je reis." De oude vrouw wuifde vaarwel en verdween weer in haar hut.

Vanaf die dag gaf Karamokoh's voorspelling over de Honderd Gouden Paarden en het Beloofde Land me hoop en werd de voorspelling een nieuwe droom in mijn leven. Eindelijk kon ik het pijnlijke afscheid van mijn vader, mijn teleurstellende oom en het leger achter me laten. Ik had voor het eerst sinds tijden een echt doel voor ogen. Ik verliet mijn land vol goede moed dat ik terug zou komen met een doos vol schatten, als een ridder die thuiskomt van de strijd met een glimlach vanwege de rijkdom in de kist achterop zijn paard.

Een reis vol schorpioenen

Op een hete woensdagmiddag kwam ik aan in het kleine stadje Blamba, dat dicht in de buurt van de zuidelijke grens lag. Hier zou ik missionaris Blaak ontmoeten. In de verte zag ik een klein jongetje van zo'n acht jaar oud lopen met een trotse glimlach op zijn gezicht. Hij had de lichaamstaal van een sporter die zojuist de beker van het wereldkampioenschap had gewonnen. Ik vroeg me af waarom hij naar me glimlachte. Hij bleef glimlachen terwijl we op elkaar afliepen tot we tegenover elkaar stonden in het midden van de stoffige, rood aarden weg. Hij droeg een oranje zwembroek en zijn blote bast glom alsof hij zonet een olieachtig tropisch mengsel op zijn huid had gesmeerd. Bij het lopen draaiden zijn voeten van achter naar voren zoals bij een leeuw op jacht.

"Naar wie zoek je?" vroeg hij. Eerst wist ik even niets te zeggen, achterdochtig omdat hij zomaar wist dat ik naar iemand op zoek was, maar na een halve seconde besloot ik hem te antwoorden. "Ik ben op zoek naar een missionaris. Een man die Blaak heet," zei ik tegen hem. "Die ken ik en ik weet waar hij woont. Hij koopt soms viskoekjes bij me op de markt. Hij is een goed iemand." De jongen praatte door terwijl hij me naar het huis van de missionaris bracht. Door zijn vriendelijkheid geloofde ik dat de Goden met me meereisden.

Van een afstandje zag ik een man van middelbare leeftijd die een bril droeg met grote, ronde doorzichtige lenzen, waardoor hij eruit zag als een uil. "Dat is 'm," zei de jongen toen we dichterbij Blaaks huis kwamen. De missionaris was gekleed in een eenvoudig zwart gewaad met geplooide schouderstukken. "Bedankt voor je vriendelijkheid," zei ik tegen het jongetje dat me hierheen had gebracht en die ik nu als een soort engel zag, gezonden om me de wildernis uit te helpen. Een goede Samaritaan die in de vorm van een jongen aan mij was verschenen. Een jongen die misschien was opgegroeid in een goed gezin, met ouders die hem met goede waarden en normen hadden opgevoed en die hem het belang van gastvrijheid voor vreemden hadden aangeleerd. De jongen deed me denken aan mijn vader, die mij vaak het advies gaf "Zoon, je moet altijd vreemdelingen helpen. Dan zal ooit op een dag, waar dan ook, iemand jou helpen wanneer jij ook een vreemdeling bent geworden."

De jongen vertrok zonder gedag te zeggen. Ik zag hem terug naar het bos huppelen. Dat was de eerste en de laatste keer dat ik die jongen zag tijdens de drie dagen dat ik in zijn dorp verbleef. Ik dacht vaak aan de jongen en vond het jammer dat ik nooit had gevraagd wat zijn naam was.

De missionaris stelde zichzelf voor: "Mijn naam is Joseph Blaak. Je bent hier meer dan welkom. Ik verwachtte je." "Mijn naam is Eba Yoko." "Het is me een genoegen je te ontmoeten, Eba, want alleen een uitverkoren zoeker kan de bescheiden helper vinden." "Kunt u mij helpen het Beloofde Land te bereiken, meneer?" vroeg ik hem ongeduldig. "Welnu, zoals de wijzen ooit zeiden, je moet een goede blik op de zonsondergang werpen voordat je 's avonds door de wildernis reist. Jij wierp een goede blik, Eba Yoko. Dat is de reden waarom jij mijn huis hebt bereikt." "Mijn dank is groot, meneer!" antwoordde ik, mijn hoofd een stukje verder naar de grond buigend.

Meneer Blaak nodigde me uit in zijn huis en bracht me naar de logeerkamer. Het was een grote kamer met een kingsize bed. De kamer had zo'n uitnodigende sfeer dat ik neerknielde op de grond en God bedankte voor het geven van mijn redding. Mijn tijdelijke bed was een enorme luxe vergeleken met het bed bij mijn oom thuis. Het bed waar ik de komende nachten op zou gaan slapen was het meest comfortabele bed dat ik ooit had gezien. Op mijn vaders boerderij sliep ik vroeger op een bed van stokken met een matras dat was gemaakt van het overblijfsel van vertrapte rijstplanten. De bungalow van de missionaris had witgeschilderde muren met doorzichtige glazen ramen. De overkapping bij de voordeur werd ondersteund door oude Romeinse pilaren die het huis een exotische aanblik gaven. Het lag geïsoleerd in de omringende natuur. Meneer Blaak moest wel een bijzondere man zijn met zo'n prachtig huis vol rijkdommen.

"Je kunt hier de komende drie dagen blijven," bood de missionaris aan. Ik had niet gedacht dat een man met zo'n eenvoudige manier van kleden en zachtaardige manier van doen zo'n status kon hebben. Het was zo anders dan het gedrag en de kleding van mijn oom. Ik vond het bijzonder dat hier in het land Yougosoba een man met een hoge titel en een luxueus leven zo gewillig een warme verblijfplaats aanbood aan een gewone jongen zoals ik. Ik was erg dankbaar dat ik zo'n persoon mocht ontmoeten.

De hitte, nu op zijn ergst, dwong me om me terug te trekken in de tuin om wat te rusten op de perfect geknoopte hangmat die tussen twee appelbomen was gespannen. Het was alsof ik in een kleine hemel lag en, toen de bries voorbij woei, stelde ik me voor dat er zomaar een appel op mijn borst zou vallen.

Ik was bijna in slaap gevallen na een paar keer gewiegd te zijn door de koele middagwind onder de appelbomen, toen ik voelde hoe iets kouds maar levends zacht mijn blote hielen likte. Geschrokken opende ik mijn ogen en riep om hulp toen ik een grote bruine Leonberger, een ongebruikelijke hond, met open bek hijgend naast me zag staan. Als een acrobaat sprong ik van de hangmat af toen een tweede hond van hetzelfde ras verscheen en me meteen achternaging met grote passen, zijn poten ver voor zich uitgestrekt. De scène had uit een komedie kunnen komen waarin een hond een kat achterna zit.

"Help me! Iemand!" gilde ik, rondjes om de bomen rennend met de honden op mijn hielen. Uit het niets hoorde ik een onverwachte stem. "Hey!" riep de stem. "Tinki en Striker, blijf staan waar je staat!" De honden stopten gelijk. De man, die uit een varkensstal tevoorschijn was gekomen om de achtervolging te stoppen, zag eruit alsof hij een reddingsoperatie uitvoerde, waarin de vermiste soldaat doodsbang is en dringend hulp nodig heeft. Hij droeg een groene overall en laarzen. "Wees maar niet bang. Ze bijten niet, hoor." Hij kalmeerde me en stelde zich voor, "Mijn naam is Tamba."

Ik glimlachte naar hem, terwijl ik probeerde niet te laten zien hoe zenuwachtig ik was en zei, "Ik zal niet bang zijn. Mijn naam is Eba." Ik stond stokstijf stil, mijn blik op de honden die plat op hun voorpoten bij Tamba lagen. Ze hielden mij nauwlettend in de gaten. Hun oren lagen plat langs hun kop.

Mijn angst voor honden kwam voornamelijk door de hondenbeten die sommige mensen uit mijn dorp voor mijn ogen fataal waren geworden. Toen ik jong was, vertrouwden de mensen om mij heen geen honden. Honden mochten niet in de buurt van vreemdelingen of huizen komen. Maar de honden van de missionaris werden blijkbaar speciaal behandeld en waren goed afgericht. De volgende dag volgde ik een workshop hondentraining van meneer Blaak, waarna ik doorhad dat zijn honden geen gevaar voor me waren, maar gewoon mijn vrienden wilden zijn. Uiteindelijk werden we dikke maatjes.

"Pak je spullen. Morgen gaan we bij het eerste daglicht op weg naar de grens," kondigde missionaris Blaak aan. Ik deed precies wat hij zei. Ik vulde mijn tas met mijn ondergoed, kleding en andere benodigdheden en pakte voorzichtig de overgebleven gari in die ik van de oude vrouw uit Karamokohs dorp had gekregen. Ik had bedacht dat ik er alleen van mocht eten wanneer ik honger had, wat inhield dat ik het meeste moest bewaren voor de ergste momenten.

De missionaris had me gewaarschuwd voor de reis en gaf me wat tips over de route die we zouden nemen, maar hij gaf alsnog weinig details weg. Ik durfde ook niet zulke directe vragen te stellen aan zo'n machtige man die me hielp.

De laatste nacht vermaakte ik me met de honden, Striker en Tinki. Ik wist dat ze me zouden missen zodra ik weg was.

Er lag een enorm vervoersknooppunt bij de zuidelijke grensstad Saiul, dat mensen verbond door middel van verschillende routes door de regio. We kwamen daar aan in de hitte, met een temperatuur hoger dan dertig graden. Het drukke terrein was volgepakt met mensen van overal en nergens. Handelaren uit allerlei culturen en plaatsen vormden met kleine winkeltjes een bedrijvige en chaotische marktplaats. We stonden in het midden van het park toen Blaak me waarschuwde, "Dit is een grensstad. Pas goed op je spullen. Reizigers klagen vaak dat hun tassen en portemonnees hier gestolen worden."

Zijn lange, zwarte gewaad glom in de zon. Ik vroeg me af hoe hij die hitte overleefde onder al die stof die hem bedekte. Ik droeg een korte broek en een wit, mouwloos shirt, maar alsnog werd mijn huid geraakt door de verzengende hitte van de zon.

De missionaris wist precies waar we moesten zijn. Hij was ontspannen, thuis in zijn eigen gebied, mensen groetten hem warm en respectvol wanneer we langsliepen. We gingen een restaurant binnen om te lunchen en ik kon nauwelijks mijn eetlust bedwingen toen de geur van gebakken vis en cassavebrood mijn neus bereikte.

"Ik ga je naar de volgende stad brengen, waar je je bij een groep zult voegen met lotgenoten. Zij zullen je gids zijn tijdens je reis naar het Beloofde Land," zei de missionaris terwijl hij op het laatste stukje van zijn Bongavis kauwde, dat werd geserveerd met pepersaus en cassavebrood. Hij had uitgebreid zitten eten, terwijl ik hongerig toekeek. "Maar beloof me één ding, Eba," zei hij. "Vraagt u maar, meneer," antwoordde ik. "Beloof me dat je op je reis altijd zult bidden voordat je iets eet." Ik glimlachte alsof hij het niet had hoeven vragen en stelde hem gerust, "Ja, dat zal ik u beloven, meneer." Het klonk als een belofte die een moeder van haar kind verlangt voordat het op een korte vakantie gaat. In de woorden van de missionaris zag ik dan ook een deel van mijn moeder terug.

Tijdens ons gesprek liep er een man het restaurant binnen en begroette de missionaris met zweterige handen. De twee mannen leken elkaar te kennen en spraken in een taal die ik nog nooit gehoord had. Plotseling veranderde de sfeer en zakte de zachte toon van de missionaris naar een agressieve en vertrok zijn gezicht tot een boze blik. Ik schrok van de plotselinge verandering in zijn voorkomen. Ik zag een andere man, alsof hij een masker afwierp. Het zat me niet lekker, maar ik probeerde mezelf gerust te stellen door het op de taal te gooien. Ik begreep niet wat de mannen zeiden, dus misschien viel hun boosheid wel mee.

Binnen een paar minuten verlieten we het restaurant en liepen we richting vier auto's die buiten geparkeerd stonden. Ik vroeg me af waar we heen gingen en of de reis me naar een plek zou brengen waar ik gelukkig zou zijn. Ik vroeg me af of de mensen in de auto's smokkelaars waren of net als ik gewone reizigers. Ik had verhalen gehoord over een stam uit het noorden van ons land waar de mensen alles verhandelden voor geld. De handelaars schenen zo wanhopig op zoek te zijn naar geld dat ze zelfs hun eigen vrouwen en kinderen verhandelden voor dingen waar ze meer om gaven.

Ik was nerveus, maar probeerde mijn zenuwen de baas te blijven, terwijl de missionaris en ik steeds dichter bij de auto's kwamen. Ik schrok van wat ik zag toen ik in de auto's gluurde. Mensen waren op elkaar gepropt als haringen in een blikje. Ademruimte was dun als een draadje en toen ik mijn neus iets naar beneden liet zakken vloog er een geur omhoog die van een afvaldump leek te komen.

"Welkom aan boord," groette een vreemde man me. Ik gaf een holle glimlach en bedankte hem, hoewel mijn stem trilde. Ik klonk als een radio waarvan de batterijen bijna leeg waren. "Ga in de auto," zei de missionaris, terwijl hij zachtjes mijn achterhoofd in de richting van de auto duwde. Het was geen harde duw, maar toch maakte ik me zorgen over hoe de missionaris met mijn hoofd omging. Het was een hele kunst om de auto in te komen, die helemaal volgestouwd was met mensen. Toen ik twijfelde greep de missionaris mijn hoofd, dit keer hard, en duwde me naar binnen. De stem die me eerder verwelkomd had, had vanuit de auto geklonken.

"Maak wat ruimte, mensen," zei de bestuurder vriendelijk. Ik had duidelijk geen keus en moest mezelf wel naar de achterbank van de auto forceren, mijn benen oncomfortabel tegen me aan klemmend. Ik zat naast de man die me had verwelkomd. Naast hem zat een man die behoorlijk zweette en een rozenkrans in zijn rechterhand klemde. Hij sprak zachtjes in zichzelf bij het tellen van de kraaltjes tussen zijn vingers. Hij leek geconcentreerd terwijl hij de nummers tegen zichzelf mompelde. Ik wist niet zeker wat hij aan het doen was, maar het leek op een soort religieus of traditioneel ritueel.

De motoren van de auto's gromden bij het opstarten. De bestuurders gaven gas en stuurden daarmee een pluim stoffige aarde in de lucht. De missionaris en zijn makker stapten in een van de auto's vooraan. Ik hoorde de klap van het dichtslaan van de autodeur. Het feit dat hij opzettelijk de deur dicht ramde verbaasde me, alsof hij zei, "Ik ben hier de baas."

De ruige rit duurde zo'n zes uur en ging door stenen heuvels en langs veel te veel obstakels, waaronder een douanepost in bijna ieder dorp. Gelukkig zag het eruit alsof alles al was geregeld door de missionaris en zijn vriend die vooraan reden. Als passagiers konden we niets anders doen dan zitten en wachten tot de missionaris de bestuurders het signaal gaf om door te rijden.

Zonder problemen passeerden we iedere douanepost. Alles was tot in de puntjes geregeld en we hadden geen last van vertragingen en werden niet gevraagd om identificatie. Eén soldaat liep gewoon maar wat om de auto's heen, zijn hoofd gebogen toen hij onze bezwete gezichten bekeek. Ik hoorde de missionaris met de functionarissen van de douaneposten praten, maar ik kon de taal die ze spraken niet verstaan. Ik had ontzag voor de missionaris, aangezien hij de eerste tweetalige persoon was die ik ooit had ontmoet.

We bereikten eindelijk onze bestemming, die leek op een soort overgangsgebied omringd door zanderige heuvels. Er was nergens een dorp of een teken van leven te zien. Er was ook geen bron van drinkwater. De zinderende hitte voelde als wat een religieus leider ooit had beschreven als de hitte van de Hellepoort. De overblijfselen van zondaars zouden deze hitte moeten doorstaan in hun graf totdat ze eindelijk hun straf onder ogen zouden zien op de dag des oordeels.

"Opletten, allemaal!" riep de vriend van de missionaris. "Vanaf nu," zei hij, "moeten jullie jezelf zien als vogels, die de tocht over deze woestijn moeten overleven om bij het

Beloofde Land te komen. Sommigen van jullie zullen het halen en anderen niet. Bid. Gebruik iedere geluksbrenger die je bij je hebt. Gebruik je fysieke lichaam als je deze tocht wilt overleven. Terugkeren is geen optie, want de weg terug is op slot. Je leven, je lot, ligt nu in de handen van één man en die man ben ik. De reis zal makkelijker worden voor hen die bereid zijn mijn bevelen op te volgen," besloot hij zijn toespraak, zwetend onder de hete zon. Er viel een korte stilte voordat mensen begonnen te mompelen.

"Ja, geen weg terug!" Ik was verrast toen ik doorkreeg dat die roep van één van drie mannen kwam die uit het niets waren verschenen. Ik had geen voetstappen gehoord of ook maar gezien dat er iemand aankwam. De mannen waren gekleed in eigenaardige traditionele kleding. Ze droegen elk een blauw gewaad met een brede, goudkleurige riem om hun middel die versierd was met een zilveren gesp. Ik kon hun haarkleur niet zien vanwege de dikke witte tulbanden die om hun hoofden gewikkeld waren en die ook een gedeelte van hun gezichten bedekten. Ze werden vergezeld door drie vreemde dieren met lange nekken, lange dunne benen en gebochelde ruggen. De dieren zouden onze bagage gaan dragen.

Ik draaide me om en keek naar de gezichten van de nieuwkomers om te zien of ik oogcontact kon maken, maar er was niets. De missionaris klom in een van de auto's die al in de richting stond waar we vandaan gekomen waren. De andere bestuurders klommen ook in hun auto's en keerden om. Ik liet een traan lopen terwijl de missionaris me daar liet staan, in de handen van vreemdelingen, zomaar in het nergens. Ik was bang en teleurgesteld. Waar was ik aan begonnen? En wie waren deze mensen? Ik herinnerde me dat een vreemdeling me ooit had verteld: "Wanneer een man naar een vreemd land reist, wordt hij vanzelf een klein kind."

Door terug te denken aan die woorden van de vreemdeling, bedacht ik me dat ik nu de reiziger was en dat het slim zou zijn als ik advies zou vragen aan de inwoners en ernaar zou luisteren. Mijn hart bonkte, "Wees gehoorzaam en werk mee, dan word je gespaard," en ik herhaalde dat stilletjes tegen mezelf. "Wees gehoorzaam en werk mee, dan word je gespaard." Die gedachte werd het leidende principe op mijn reis.

De woestijnstorm

De temperatuur bleef dalen terwijl wij onze reis naar het oosten te voet voortzetten. Het was prettig om te lopen omdat we nu onze benen konden strekken en spieren konden inzetten na de lange, hobbelige rit richting de woestijn. Tassen waren volgepakt met eten, tenten en andere benodigdheden werden op de ruggen van de dieren geladen. Ze bewogen zich langzaam voort, vertraagd door al het gewicht dat ze bij zich droegen. Het waren de sloomste dieren die ik ooit had gezien.

Nieuwsgierig deed ik een paar stappen in de richting van hun vracht en vroeg een van de mannen in traditionele blauwe kleding, met om zijn hoofd een tulband gewikkeld: "Pardon, meneer, wat zijn dit voor dieren? De man draaide zich om, keek me recht in de ogen. Zonder een woord te zeggen keerde hij zich weer om en liep door. Er was wat geroezemoes achteraan. Ik was de eerste van de groep die aan de inheemse mannen een vraag had durven stellen. Ik voelde me een beetje gegeneerd door de afwijzing van de woestijnman, die er fysiek zwakker uitzag dan ik. Ik zei tegen mezelf dat het niet uitmaakte en liep van hem weg.

Ik hoorde het gekraai van vreemde vogels vanuit de verte. Het geluid werd luider naarmate we dichterbij kwamen en in de lucht zag ik een zwerm witte vogels die in een vaste formatie vlogen. Van zo ver weg leken de vogels op zeemeeuwen of roofvogels. Ik kon me zo voorstellen dat ze het karkas van een dier aan het verscheuren waren. Een stem schudde me uit mijn gedachten: "Aandacht, allemaal," riep onze groepsleider: "We komen nu in de buurt van de Zamzam watervallen. Zodra we daar zijn, nemen we even pauze om wat te eten en te drinken. Pas wel op één ding: deze plek trekt veel verschillende soorten dieren aan en we kunnen dus allerlei roofdieren tegenkomen die in dit gedeelte van de woestijn leven. Wees voorbereid op het onverwachte." Terwijl hij sprak, begon mijn hele lichaam weer te beven van angst. Naast me zei een man sarcastisch, "Nu is de daadwerkelijke reis begonnen. Laat de ware mannen hun ware kracht tonen."

Ik werd steeds meer in beslag genomen door het verlangen om mijn dorst te lessen. Gelukkig begon het geluid van de waterval in mijn oren te fluisteren toen we dichter in de buurt kwamen van waar de vogels bij elkaar zwermden. Het leek erop dat we tekenen van leven naderden. Daarmee bedoel ik de echte bron van het leven. Water.

Opgelucht grijnsde ik naar de woestijnman. Hij had de leiding over het team van drie dat onze bagage en de dieren overzag. Na een korte twijfeling lachte hij terug. Ik was blij met zijn reactie, aangezien dat de eerste keer was dat ik de woestijnman had zien lachen. Voor mij is glimlachen belangrijk omdat het het altijd waard is. Toen ik jong was, lachte ik veel en dat doe ik nu nog steeds.

"Bagagedragers, houd je beesten goed bij je. Volgens mij hebben we een probleempje," kondigde de leider aan.

Ik keek op en zag dat we een paar meter van de waterval af stonden en ik ademde scherp in van verbazing. De waterval en omgeving zagen eruit als een paradijs daar midden in de woestijn. Ik realiseerde me dat de natuur veel slimmer is dan de meeste mensen denken. Als je hier nooit was geweest zou je je niet kunnen voorstellen dat er in het midden van een woestijn überhaupt een waterval te vinden was. In beslag genomen door de natuurlijke schoonheid van de waterval begon ik me een andere wereld voor te stellen. Ik verloor mezelf in die droom, geïnspireerd door mijn waardering van de prachtige omgeving.

Toen ik weer bij de les kwam, keek ik naar links en kwam erachter dat de hele groep naar me aan het staren was. Eerst snapte ik niet waarom. "Is alles oké?" vroeg ik. De woestijnman trok mijn aandacht door naar iets rechts achter me te wijzen. Toen ik me omdraaide om te kijken waarnaar hij wees, zag ik dat er een troep woestijnleeuwen hun dorst waren komen lessen aan de voet van de waterval. Ze hadden waarschijnlijk zojuist hun laatste maaltijd van de dag verorberd.

Ik zag wel vaker leeuwen in mijn dorp, maar nooit van zo dichtbij. In de jungle waar ik geboren ben, vielen leeuwen maar af en toe mensen aan.

Ik wilde een vraag stellen, maar op dat moment legde de groepsleider een vinger op zijn lippen om me tot stilte te manen en aan te geven dat ik niet moest bewegen. Dit gebaar kwam me bekend voor, een non-verbale taal die ik goed begreep dankzij de oorlog in mijn land. Het werd voornamelijk gebruikt door volwassenen die seinden naar hun kinderen terwijl ze zich verborgen tijdens een aanval.

De vogels vlogen nog steeds boven ons en op dat moment

was het even alsof mensen en vogels dezelfde last droegen: beide groepen hielden zichzelf gedeisd, in erkenning van de machtige koningen van de woestijn.

Na vijf minuten stilte vol angst kwamen er drie jonge leeuwtjes aangelopen. Ze waren speels met elkaar aan het worstelen en sloegen elkaar met hun klauwen alsof ze jonge boksers waren, die hun kunnen en ambitie wilden laten zien om kampioen zwaargewicht te worden. Ik vond ze wel schattig en onschuldig, maar mijn medereizigers dachten daar anders over.

Het gedrag van de jonge boksers, die rondsprongen en gilletjes uitsloegen, trok de aandacht van hun ouders en de hele troep leeuwen draaide zich om en begon majestueus in de richting te marcheren waar de leeuwtjes vandaan waren gekomen. Langzaam maar zeker verdwenen ze in de wildernis.

Zodra de leeuwen waren verdwenen, slaakte iedereen een zucht van verlichting. Je kon de golf van ontspanning duidelijk door de groep zien gaan. Een enkeling was nog aan het bidden terwijl onze angst wegebde. Ik zag verschillende manieren waarop de andere reizigers hun Goden dank betuigden voor de veilige afloop. Het tafereel was net een klein altaar waar mensen van verschillende geloofsovertuigingen bij elkaar kwamen om elkaar te ontmoeten en rituelen uit te voeren om een gezamenlijk doel te bereiken.

"Dit is nou waar ik het over had," zei de groepsleider arrogant, "het is ontzettend gevaarlijk hier in de woestijn. Ik waarschuw jullie nog maar een keer: je moet goed luisteren en je kop gebruiken." Ik was niet zo onder de indruk van hem, want hij begon pas te praten zodra de leeuwen lang en breed weg waren. Het hele gebeuren overtuigde me opnieuw dat de leeuw de koning van de woestijn en jungle is.

Toen wij naar voren stapten om te drinken werd het ondiepe deel van de waterval al snel bezet door zwermen verschillende vogels en kleine reptielen. Net als wij hadden ze geduldig zitten wachten tot de leeuwen vertrokken waren. De vogels en zoogdieren probeerden elkaar wanhopig weg te jagen en zich van een comfortabel drinkplekje te verzekeren. We wachtten tot de vogels weg waren zoals zij hadden gewacht op de leeuwen. Als een persoon geboren in een natuurrijk gebied had ik altijd gehoopt dat er ooit een tijd als deze zou komen, waar mensen ruimte zouden maken voor dieren en natuur. Een tijd die hen de kans zou bieden om te overleven.

De bleke, oranje getinte kleuren die langzaam in de atmosfeer oplosten, gaven de avondlucht een verleidelijke indruk. Toen de zon eenmaal onder was, verlieten de vogels en zoogdieren eindelijk de watervoorraad. Ik hoopte en bad dat er niet nog een groep dieren kwam. Mocht dat zo zijn dan zouden we als een soort nachtwakers langs de waterval moeten zitten.

Ik leste mijn dorst in het ondiepe deel van de waterval en voelde me opgelucht en opgefrist. Het water was zo helder dat je zand op de bodem kon zien en het rook fris en schoon vergeleken met het vuile rivierwater waar ik thuis aan gewend was. Sommige reizigers doken het water in, poedelnaakt, en zwommen naar het diepe midden van het meer. Dat durfde ik niet te doen, nog steeds wat geschrokken door wat ik eerder allemaal bij de waterval had gezien. Ik was vastbesloten om alert te blijven en mezelf niet te verliezen, zelfs niet voor een seconde.

Na even gepauzeerd te hebben bij het water was het tijd om over te steken naar de andere kant. Aan de voet van de honderd meter hoge waterval was het meer zo'n vijftig meter breed, maar ondiep genoeg om naar de andere kant te kunnen waden met het water slechts tot onze knieën. Na nog een mijl gelopen te hebben namen we weer een pauze. "Hier brengen we de nacht door," kondigde onze leider aan. Het was een zanderig veld ter grootte van zo'n twee voetbalvelden. Het was voornamelijk vlak, maar in het oosten glommen lage heuvels van goud glinsterend zand.

De bagagedragers haalden de vracht van hun dieren en brachten wat brandhout tevoorschijn om een kampvuur te maken. Ondertussen was de rest bezig met het opzetten van de tenten. Ik hoefde niet mee te helpen, waarschijnlijk omdat ik de jongste en het meest onervaren was van de groep. Ik richtte mijn aandacht op de groepsleider om te zien waar hij mee bezig was. Hij hield een kaart in zijn hand die hij aandachtig bestudeerde, met in zijn andere hand een walkietalkie waar hij voortdurend tegen praatte.

Na het opzetten van het kamp verdeelde de leider ons in vier groepen, elke groep met zijn eigen tent. Het was donker, hoewel de maan helder boven ons hing. De fonkelende sterren maakten de donkere hemel magisch. De sfeer tussen ons was stil en vredig en om ons heen zweefden allerlei soorten gloeiende insecten. We mochten dan wel in het midden van een uitputtende reis zitten, het voelde alsof we een vereerde groep diplomaten waren die de nacht in een vijfsterrenhotel doorbrachten in een prachtige woestijnstad.

De woestijnman bouwde een vuur en begon wat vlees te

roosteren dat al gemarineerd was met hete pepers en kruiden en een sterk, verleidelijk aroma verspreidde. Terwijl hij het eten voorbereidde, hielden de anderen zich bezig met hun religieuze avondrituelen. Ieder hoofd werd in beslag genomen door een ander geloof, wat ik wel een goed teken vond omdat ik dan misschien wel gered zou worden door het gebed van iemand anders.

Mijn oom zei altijd tegen mij dat, gebeden dingen veranderen, maar ik snapte nog steeds niet hoe dat kon. Ik geloofde toen dat gebeden alleen hoop konden geven aan mensen die een moeilijke tijd doormaakten. Ik had gezien dat mijn oom iemand was die in dingen geloofde die hij nooit zelf gezien had. Sommige van die dingen veroorzaakten serieuze problemen in de levens van mensen die hij dwong om zich te bekeren. Voor mij was geloof een groot vraagteken omdat ik nog erg jong was en nog veel over het leven moest leren.

Ik lag buiten op het zand en keek naar de prachtige hemel. De woestijnman kwam naar me toe en vroeg, "Wat is je naam, zoon?" "Eba," antwoordde ik stilletjes. "Je bent niet bang," zei hij, "mensen overleven alleen in de woestijn als ze de vijand van allemaal kunnen overwinnen: hun angst. Je grootste vijand is de angst die in je huist. Maar jij, Eba, bent sterk." Hij knipoogde naar me, een teken dat aangaf dat alles goed tussen ons was.

Ik ging overeind zitten in kleermakerszit, zoals de woestijnman de hele avond al had gezeten. Hij legde zijn handen op mijn wangen, keek in mijn ogen en fluisterde, "Wees niet bang, ik ben er voor je. Ik zal je beschermen. Kijk me aan en beeld je in dat iemand uit je dorp je nu vasthoudt."

Hij liet mijn gezicht los en na een korte stilte stond ik op en ging mijn tent binnen zonder een woord te zeggen. Ik voelde me vreemd en ongemakkelijk.

Met drie andere mensen al binnen was de tent heet en onprettig. Ik ging op de mat liggen met de anderen. Opnieuw dacht ik aan mijn bed, met het matras van droog stro dat overbleef van de rijstoogst, waarop ik het grootste gedeelte van mijn kindertijd bij mijn vader thuis had geslapen. Ik had geen idee of mijn kinderbedje door iemand anders was overgenomen nadat ik naar mijn oom was vertrokken. In al die jaren die ik in het huis van mijn oom had doorgebracht, had ik niets van mijn vader gehoord. Ik voelde de heimwee weer opborrelen toen ik dacht aan mijn vrienden, mijn kleine radio, de akkerlanden, de schapen en de kippen. Ik miste het landschap, met name de Alligatorrivier.

Nog voor ik in slaap was gevallen, waren er al mensen in hun tenten aan het snurken. Het klonk afschuwelijk, al die verschillende geluiden in andere tempo's, sommige hoog en sommige laag en zo scherp als een fluitje. Ik kon niet slapen. Mijn lichaam was koud en mijn hoofd zat vol vreemde gedachten. Ik vroeg me af of de leeuwen naar het kamp zouden komen en ons aan zouden vallen. Op dat moment hoorde ik het geluid dat op gefluit van een raket leek en steeds luider in mijn oren klonk. De tent begon te schudden terwijl het scherpe geluid en trillingen die ik eerst niet had opgemerkt met iedere seconde sterker werden. Ik realiseerde me dat het hevig stormde. Ik maakte de anderen wakker, zette me schrap en ondertussen werd de storm alsmaar krachtiger en sloeg steeds harder op ons in. Het was alsof de Goden van de storm boos waren op de manier waarop de aarde werd mishandeld door haar inwoners. Het gefluit van de woedende wind was iets dat ik nog nooit eerder gehoord had. Angstig vroeg ik me af of dit de dag des oordeels was, want dat was wat de mensen in Looking Town, waar ik was opgegroeid, tegen elkaar zeiden als de natuur zo tekeerging.

Iedereen was meteen wakker en klampte zich vast aan de tent terwijl de woeste storm de touwen dreigde los te trekken waarmee de tent verankerd was. Het was een worsteling om ons vast te houden, in afwachting van het oordeel van de natuur. Eén man begon met een benauwd gezicht aan zijn ritueel met de rozenkrans en ondertussen bleef de storm beuken en kwam hij steeds dichterbij een hoogtepunt. Ik kon horen dat er van buiten spullen tegen de tent aansloegen, maar had geen idee wat ze waren. Binnen in de tent keek ik naar de angstige gezichten van mijn medereizigers en mijn hele lichaam trilde van wat misschien wel de engste dertig minuten van mijn leven waren.

Eindelijk nam de catastrofale storm af en liet een akelige stilte achter. Voorzichtig haalde ik de rits wat omhoog die de ingang van onze tent dichthield en keek naar buiten, wachtend op beweging. Alles was stil, wat me de moed gaf om de tent helemaal open te ritsen en naar buiten te gaan. Het was één grote puinhoop. Ik zag dat de wind onze bagage naar alle kanten geslingerd had. De spullen waren overal rondgestrooid.

De woestijnman kwam zijn tent uit, gevolgd door onze groepsleider die begon met dingen op te rapen en weer terug te zetten. "Wat doe jij buiten?" vroeg de leider. "Ik dacht, ik kom helpen bij het opruimen van de troep." "Dat is jouw taak niet," antwoordde hij kwaad. Ik rende snel naar mijn tent terug en voegde me weer bij mijn slaapgenoten. "Volgens mij bemoeit iemand zich met de zaken van de baas," mompelde ik geamuseerd.

Binnen in de tent waren de mensen alweer aan het snurken, wat me verbaasde omdat de gewelddadige storm pas net was gaan liggen. Ik ging bij hen liggen totdat ik, niet in staat om wakker te blijven, ook in slaap viel.

Toen ik mijn ogen opendeed was het weer licht. Buiten hoorde ik rommelend gekreun waarvan ik aannam dat het van de dieren kwam. Het luide gebabbel van mijn medereizigers maakte me flink genoeg om in één keer op te staan. Ik was de enige die nog sliep in de tent. Blijkbaar waren alle mensen met wie ik op pad was vroege vogels. Ik vroeg me even af wat er gebeurd zou zijn als de groep me daar had laten liggen en zonder mij was verder gegaan, maar ik liet mezelf niet lang stilstaan bij die gedachte. De prachtige zonsopgang vrolijkte me op. Het was alsof er een gekleurde bal aan de horizon hing.

Toen ik de tent uitging was het eerste dat me opviel de woestijnman en zijn collega's, die bezig waren de bagage terug op de dieren te laden. Ik liep op hem af en zei "Goedemorgen." Hij wierp een moeilijke blik terug en zei verder niets. Hij was een man die meer met zijn ogen sprak dan met zijn woorden. In mijn dorp is het een oude traditie dat de jongeren de ouderen groeten, zeker in de morgen. Maar sommige mensen vinden dat niet prettig, zeker in de hele vroege morgen. Ik ging ervan uit dat dat het geval was bij de woestijnman, die zijn best deed om uit mijn buurt te blijven.

Ik wandelde rond het kamp en sprak met de andere reizigers, die ondertussen hun tenten opvouwden. Onze leider was tegen zijn walkietalkie aan het praten. "Er was een zandstorm op site zero," hoorde ik hem zeggen tegen degene aan de andere kant van de radio. Tijdens onze lange reis had ik soms nagedacht over de houding van onze groepsleider, die moeilijk te doorgronden was. Ik was benieuwd hoe zo'n kleine man de leiding kon hebben over zo'n lange en gevaarlijke reis. Ik nam maar aan dat hij een wijs man was met goede connecties, die hem de bevoegdheid gaven om zo'n belangrijk iemand te worden.

Ik zag dat twee reizigers in de groep wild met elkaar aan het vechten waren in het midden van de woestijn, terwijl de leider was afgeleid door zijn walkietalkie. De mannen, allebei even lang, gaven elkaar harde klappen in het gezicht. Bloed kwam uit hun neus voordat de pistoolschoten klonken. De schoten, die de vechters uit elkaar joegen, kwamen van een klein pistool in de hand van onze leider. De loop, waaruit een dun kringeltje rook steeg, wees de lucht in en het rook sterk naar buskruit.

"Jullie twee, hou daarmee op!" beval hij na het overhalen van de trekker. "Ik wil dit niet meer zien! Als ik zulk gedrag nog een keer zie zal ik doen wat nodig is!"

Onze leider had een pistool. Ik had toen door waar zijn macht vandaan kwam, want de man met het geweer heeft altijd de grootste kans om de macht te pakken.

"Pak alles in en vouw alles op!", riep onze leider. "We gaan richting het noorden. Pas op, onderweg komen we woestijnschorpioenen tegen en die steken je recht in je botten. Het gif dat ze inspuiten zorgt heel snel voor een heftige reactie, zeker in dit seizoen." Hij boog omlaag en begon zijn veters aan te trekken. Zijn zwarte laarzen waren zo glanzend gepoetst dat je je eigen gezicht erin kon zien.

Ik had geen idee hoe mijn reisgenoten dit allemaal beleefden, maar voor mij was deze reis mijn eerste avontuur. Het voelde alsof de wereld me nieuwe dingen leerde, dingen die ik door zou geven aan mijn volgende generatie. Niet weten waar de reis ons naar toe zou brengen gaf me het gevoel alsof ik aan een touw hing boven een rivier vol krokodillen, op missie om een groep aan de overkant in te halen, de dieven die de schat hadden gestolen. De schat had ik zelf niet gezien, en ook de diefstal ervan had ik niet meegemaakt, maar ik had gezworen om hem terug te halen en de helft terug te betalen aan Karamokoh Dambay. Ik had een eed afgelegd.

Na de waarschuwing van onze groepsleider en nadat al onze bagage op de drie dieren was geladen, gingen we op weg richting het noorden, onder de stralende zon. Ik bleef in de buurt van de woestijnman omdat hij me de vorige dag een vriendelijk gezicht had getoond. Naast elkaar liepen we met de bagagedragers mee. Ze spraken in hun eigen taal, een taal die ik niet kende waardoor ik geen enkel woord van wat ze zeiden kon verstaan.

Ik trok de aandacht van de woestijnman en vroeg hem, "Wat voor dieren zijn dat?" "Dit zijn kamelen," zei hij, "ze kunnen vijfenzestig kilometer per uur rennen en bijna tweehonderd liter water in drie minuten drinken als daar genoeg water voor is. Bedenk je wel dat mensen eerst moeten drinken. Deze dieren kunnen lang overleven zonder eten in de woestijn en ze kunnen ook echt alles eten, ook jouw schoenen, mocht het zo ver komen. Geef een kameel dus nooit je laatste maal, want dan zal je moeten toekijken hoe hij zit te kauwen terwijl hij kijkt hoe jij verhongert in de woestijn." Hij sloot af met een oprechte glimlach. Ik lachte ook naar hem en zei, "Goed om te weten." "Je leert altijd wat door te luisteren, mijn vriend." Het was alsof we een soort woordenspel aan het spelen waren.

Eén van de bagagemannen trok de aandacht van de woestijnman en riep hem naar zich toe voor een kort gesprek, waarna de woestijnman terugkwam en een nieuwe vraag in de ring gooide. "Hoe dan ook, hoe heet je ook alweer, zoon?" "Eba Yoko," antwoordde ik trots, met deze keer mijn familienaam erbij, en ik vertelde hem: "Ik ben vernoemd naar mijn overgrootvader, die een krijger was in de rellen tegen de bezetting van het vroege koninkrijk in mijn land. Mijn vader vertelde me altijd verhalen over hem. Mijn vader zei dat hij een sterk man was, hoewel mensen hem lelijk vonden. Ik schaamde me toen mijn vader dat zei, maar aan de andere kant ben ik trots op wie mijn grootvader was."

"Het maakte hem een uniek man," antwoordde hij. "Wat maakt het trouwens uit of iemand lelijk is of niet? Lelijke mensen, zoals ze worden genoemd, zijn ook uniek."

Hij nam me bij de arm en we stopten terwijl de rest van het konvooi om ons heen doorliep. "Mijn naam is Samir El Sheik," zei hij, "Ik ben geboren in de buurt van deze woestijn. Mijn vader was een woestijnstrijder en heeft me geleerd hoe je vuurwapens gebruikt en hoe je met andere mensen moet onderhandelen in dit leven. Ik ben Samir, dit is mijn leven. Als je een spelletje maakt van mijn dagelijks brood, eet ik het jouwe ook op." Hij keek me recht in de ogen aan. Zijn ogen stonden op scherp. Toen ik hem aankeek leek het alsof ik zijn ziel kon zien. Het was de gewonde ziel van een onvoorspelbare man.

"Laten we even opschieten en de anderen inhalen," spoorde hij aan. We versnelden onze pas om het gat tussen ons en de rest van de groep te dichten.

De andere reizigers praatten met elkaar terwijl we voortgingen door het lage noorden van de woestijn. Het sociale contact was duidelijk toegenomen in de laatste uren van de reis. Iedereen was bezig met het vinden van een nieuwe vriend of had er al een, met uitzondering van onze groepsleider, wiens enige vrienden de radio en kaart waren die hij bij zich droeg.

Het geluid van ronkende auto's in de verte gaf aan dat we in de buurt kwamen van een stad, wat me hoop gaf. Ik dacht dat we eindelijk terug zouden gaan naar het normale leven en nieuwe mensen gingen ontmoeten, maar later zou blijken dat het anders zou gaan. Zodra we dichter bij het motorgeronk kwamen zag ik dat het van een stoet pick-uptrucks kwam, allemaal wit geschilderd en vol met zwaarbewapende mannen. De mannen waren gekleed in een soort militaire camouflagekleding. Hun uniformen en wapens had ik nooit gezien tijdens de oorlog in mijn land. Ik was bang dat ze waren gekomen om ons te ondervragen, maar gelukkig ging de stoet aan ons voorbij, langs de andere kant van de zandweg, zonder te stoppen of ook maar een woord tegen ons te zeggen.

"Ze noemen zichzelf het 'Leger van de verlossing'," zei Samir, "en zijn druk bezig met het voeren van hun eigen oorlog." Hij veranderde van onderwerp en zei, "Ik wil dat je één ding weet, Eba. Politiek en religie zijn de twee grootste oorzaken van de problemen in deze regio. Voor de gewone mensen is er geen hoop en de fundering van de volgende generatie is verwoest. Ik geloof dat het een generatie zal zijn die alleen gedreven wordt door haat. Ze gaan elkaar haten, want liefde is iets wat ze nooit hebben ervaren."

Hij keek bitter. Ik hief mijn hoofd op en zei tegen hem, "Ik maakte de oorlog mee toen ik een klein kind was. Als baby verloor ik mijn moeder aan de vloek van de oorlog. Terwijl ik opgroeide, maakte ik meer van de oorlog mee en sommigen van mijn vrienden werden gedwongen om weg te gaan en zijn tegen hun wil als kindsoldaten gerekruteerd. Ik worstel nog steeds met de verschrikkelijke herinneringen en beelden, want de dingen die ik heb gezien hebben hun wonden achtergelaten en geven me vaak nachtmerries."

"Dat moet hard voor je zijn, Eba," zei Samir, "Ik kan me voorstellen wat je moet hebben meegemaakt. Mijn vader vertelde me ooit dat hij was meegenomen om in een overzeese oorlog te vechten toen hij nog geen zestien jaar oud was. Hij schreeuwde en huilde vaak in zijn slaap. Zijn verhalen lijken op wat jij me zojuist verteld hebt. Mijn grootvader zei altijd dat je een oorlog nooit moet steunen, want de wanhopigste situatie in vredestijd zal de beste situatie in een oorlog zijn. Ik realiseer me dat er hoe dan ook altijd oorlogen aan de gang zijn op deze planeet. Ik kijk uit naar de dag van een internationaal staakt-het-vuren. Slechts één dag waarop er geen enkel geweer wordt afgevuurd in geen enkele hoek van deze prachtige wereld." Samir hield op te praten en het was even stil.

"Die dag zal de dag des oordeels zijn," antwoordde ik.

"Dat is zeker zo, Eba, maar ik zie het nog niet zo snel gebeuren."

De verlaten stad

Naarmate we dichter bij de stad kwamen hoorde ik het geluid van machines en toeters en nog dichterbij hoorde ik ook het luide gepraat van mensen. Ik kon aanvoelen dat we in een totaal andere omgeving beland waren dan waarin ik was opgegroeid en ik besloot dat we wel in het Beloofde Land aangekomen moesten zijn.

Voordat ik kon gaan zitten klonk uit het niets de stem van onze groepsleider. "Luister allemaal! We komen nu in de buurt van de verlaten stad. Dit is een plaats waar mensen op verschillende manieren behandeld kunnen worden. Hier geldt geen wet en geen genade voor de zwakken en armen. Dit is een stad die door de internationale federatie is achtergelaten omdat het vorige regime weigerde de regels van de nieuwe wereldmacht op te volgen. Deze plek is geen land meer: dit is hét knooppunt waar verschillende machten komen om te experimenteren met hun militaire kracht. In deze stad blijven de sterken leven en gaan de zwakken dood. Het is mijn doel om te zorgen dat ieder van jullie de verschrikkelijke uitdagingen overleeft waar de mensen hier dagelijks mee worstelen. Ik eis jullie aandacht terwijl ik de regels uitleg." Hij ging ze één voor één af. "Regel één," begon hij, "Praat nooit zonder mijn toestemming met iemand die je niet kent." Hij vervolgde met de rest van de regels voordat hij afsloot met, "deze plek is de poort naar jullie vrijheid. Dit is de poort naar het Beloofde Land." Het einde van zijn speech klonk als een netjes geschreven, nationale voordracht. De ontroering in zijn stem bracht de helft van de groep in stilte tot tranen terwijl de andere helft begon te klappen, waarna we de halve mijl richting de stad vervolgden.

Tijdens het lopen keek ik van uitputting meer naar mijn voeten dan de weg voor ons en stommelde klungelig in een klein, modderig gat dat zich even aan mijn hielen vastklampte. Toen ik mezelf had losgeschud van de modder zette ik de volgende stap in de verlaten stad. Ik had geen idee wat er allemaal aan de gang was en was geheel gedesoriënteerd door het tumult om me heen. Voor de inwoners van de verlaten stad was het de normaalste zaak van de wereld om over deze modderige straten te lopen.

Ik kreeg met moeite mijn oriëntatie weer terug toen ik één van de reizigers hoorde zeggen, "Dit is de wereld van de apen, waar ieder voor zichzelf leeft." Hij keek erg opgewonden nadat hij zijn zegje had gedaan. Toen ik me omdraaide om te kijken wie het was, zag ik de nerveuze man die bezig was de bolletjes van zijn rozenkrans tussen zijn vingers te tellen. Hij keek dit keer vrolijker dan ik hem ooit had gezien.

Om de één of andere reden was ik chagrijnig geworden toen we in de stad aankwamen. Het begon met de scherpe pijn die ik in mijn spieren en ruggengraat voelde door de lange voetreis die we bijna achter de rug hadden.

"Jij kleine aap!" baste onze teamleider met zijn vinger recht op mij gericht. "Jij, ga met die man mee die naast je staat." De man die naast me stond was Samir, de woestijnman. Ik keek hem aan en hij glimlachte vriendelijk, maar ik kon zien dat die lach niet echt was.

De groepsleider ontbond de groep zodat alle reizigers zich konden voegen bij de vreemdelingen die hier bij dit verzamelpunt op onze aankomst hadden gewacht. Ze deden me denken aan de vishandelaren van Looking Town, die de hele dag lang op de kade stonden te wachten tot de vissersboten terugkeerden van zee. Dan kochten ze de vangst van de dag en verhandelden die weer op markten in grotere steden in de buurt. Toen leek dat op een overeenkomst die beide partijen goed deed en waar zowel handelaars als vissers tevreden mee leken. Noch de missionaris, noch Karamokoh Dambay had me verteld over het plan om ons te overhandigen aan vreemden.

Onze groepsleider wenste ons veel geluk en ging toen weg. Samir gaf de kamelen door aan een nieuwkomer en vroeg me om met hem mee naar zijn huis te gaan. Onderweg keek ik naar groepjes handelaars in de nauwe straatjes terwijl ik achter Samir aanging. Onder het lopen zei hij niets. Samir had geen enkel detail losgelaten over wat er nu zou gaan gebeuren of waar we precies heen gingen en ik voelde er weinig voor om vragen te stellen. Ik had door dat de sfeer gespannen was geworden. Op straat hoorde ik allerlei vreemde talen en zag ik kinderen bedelen tussen de menigte. Alles zag eruit zoals mijn oom de Dag des Oordeels aan mij had uitgelegd, waar ieder, jong en oud, moeder en kind, zijn eigen last op de rug droeg.

We kwamen aan in een rustige straat die betegeld was met grijze, granieten stenen waarlangs luxueuze huizen waren gebouwd. Samir stond stil en klopte op de hoofdpoort van een van de huizen. Het was een rood gebouw met twee verdiepingen met op de eerste verdieping glazen ramen. De tweede verdieping zat dicht en had geen ramen. Een man gluurde door een gat in de poort voordat hij hem wijd opendeed. De poort rammelde bij het opengaan en de poortwachter kwam naar ons toe, op de voet gevolgd door nog twee anderen.

Samir en de poortwachter omarmden elkaar, met elk een grote grijns op hun gezicht. Ze leken allebei ontspannen terwijl ze elkaar en de andere mannen begroetten. Samir en ik werden door zijn mannen eervol ontvangen. In mijn ogen werd hij als een koning onthaald, die zojuist was teruggekeerd na een grote overwinning op het slagveld. Ik zag de loyaliteit in de ogen van zijn vrienden en het was duidelijk dat ze al in een feestelijke stemming waren.

Samir ontving me gastvrij in zijn huis en vroeg een vrouw om me rond te leiden en wat te eten en drinken voor me te bereiden. De sfeer was bij onze aankomst vriendelijk en warm. De vrouw aan wie Samir had gevraagd me te verzorgen was gastvrijer dan ik in mijn jonge leven ooit had meegemaakt. Ze was verlegen, met een klein en onschuldig gezicht. Haar gelaat gaf wat weg van haar persoonlijkheid en ik voelde aan dat ze een goed iemand was. Bij het serveren durfde ze me niet aan te kijken.

In mijn traditie hangt de lengte van iemands bezoek af van de manier waarop de gast bij binnenkomst wordt ontvangen door zijn gastheer. In onze cultuur vragen we een ongewenste gast nooit rechtstreeks om te vertrekken, maar maken we indirect duidelijk dat de gast verzocht wordt om te vertrekken door de ongastvrije houding van de gastheer.

Mijn tante Agnes was bijvoorbeeld een meesteres in de kunst van mensen eruit gooien. Wanneer een ongewenst iemand op bezoek was, sprak ze nauwelijks tegen die persoon en wees ze hem geen slaapplaats. In plaats daarvan bleef ze wakker tot oom Sanday 's avonds laat thuiskwam. Hij sprak meestal met de gast en wees hem ook uiteindelijk naar zijn slaapplaats. Tegen die tijd was de gast geheel uitgeput van de lange dag. Als ik dat soort dingen bij mijn oom thuis zag gebeuren fluisterde ik altijd tegen mezelf, "Gast, je bent hier niet welkom". Ik zei het nooit hardop. Dat zou ik nooit durven, zelfs al was tante Agnes niet thuis.

Toen de nacht viel bij Samir ging ik vroeg naar bed. Ik was mentaal en fysiek kapot en verlangde wanhopig naar wat rust in de kleine eenpersoonskamer die verlicht werd door een smalle witte kaars. Langs de brandende kaars liepen druppels was, die op tranen leken. Misschien stonden ze voor de tranen van degene die de kaars had aangestoken voordat ik de kamer in kwam. De kleine kamer had betonnen muren en geen raam. Toen ik rondkeek zag ik dat de kamer geventileerd werd door een gat in de muur waar drie kleine bakstenen rechtop naast elkaar waren opgesteld met een klein beetje ruimte ertussen. Door de nauwe ruimte kon nauwelijks lucht binnenkomen. De ventilatie zat maar aan één kant van de kamer.

De stalen deur, die rood was geverfd, had aan de buitenkant één enorm slot met nog twee hangsloten eraan, waar de sleutels nog inzaten. Toen ik de kamer instapte voelde het alsof ik een gevangeniscel binnen ging. Hoewel ik nog niet eerder op deze reis zo moe was geweest, had ik moeite om in slaap te vallen. Mijn ogen waren gesloten terwijl ik daar lag op het schuimmatras. Mijn hoofd was druk bezig met allerlei gedachten, die mijn slaap verhinderden. Een paar minuten lang wist ik niet of ik nou wakker was of sliep. Het schuimmatras lag direct op de harde vloer en er was geen deken. Ik lag toch wel lekker en uiteindelijk zonk ik weg in de wereld van mijn dromen.

Diep in slaap hoorde ik een stem in mijn linkeroor fluisteren, dichtbij en helder. Ik wist weer niet of ik sliep of wakker was. De nacht voordat ik uit het leger was ontsnapt had ik iets vergelijkbaars meegemaakt. Ik had toen een stem gehoord die fluisterde, "Het is tijd om te gaan, Eba." Toen ik wakker was geworden, wist ik dat de stem die me had toegesproken mijn innerlijke stem was. Deze keer, bij Samir thuis, was het verwarrender omdat ik twee stemmen door elkaar hoorde praten. De ene stem, die ik in de droom tijdens mijn legertraining had gehoord, was helder, maar de andere klonk vreemd. Ik wist zeker dat ik deze fluisterende stem nog niet eerder had gehoord. De verwarring haalde me uit mijn slaap en toen ik mijn ogen opendeed was de kamer helemaal donker omdat de kaars was opgebrand. In een halve seconde zag ik de flits van een zaklantaarn die iemand had aangedaan. Het licht glinsterde vreemd in mijn ogen en scheen recht in mijn gezicht, stil en zo op me gericht dat ik niet kon zien wie erachter stond.

"Ik heb je gewonnen op de veiling en je waarde betaald. De kosten heb ik niet alleen in diensten maar ook in cash betaald, en nu ben je van mij, Eba," zei de stem achter het licht. Zijn woorden lieten mijn lichaam trillen, alsof ik zojuist een elektrische schok had gekregen. Ik kon het gezicht van de persoon die in het donker sprak nog steeds niet zien en herkende ook die duivelse stem niet, ook al kon ik horen dat het een mannelijke stem was.

"Wie ben je?" vroeg ik zwakjes. "Ik ben Samir, Samir El Sheik, je vriend," antwoordde hij. "Je was al aan mij verkocht voordat we elkaar in de woestijn hadden ontmoet. Dit hier is mijn huis en jij moet mijn bevelen opvolgen. In de woestijn was ik dan wel vermomd als een ordinaire bagagedrager, maar hier ben ik een koning." Hij staarde me arrogant aan en raadde me aan, "Als je wijs bent, dan doe je wat ik zeg."

Verbijsterd begon mijn hele lichaam te bibberen, terwijl ik met man en macht probeerde om de angst tegen te gaan. "Luister," zei hij, "jij bent de enige reden dat ik al die mijlen door de woestijn ben gereisd. Jij bent mijn trofee, Eba, mijn vangst van de dag." "Ik ben je trofee niet!" riep ik uit, op dezelfde manier als op de dag dat mijn oom me had uitgeleverd aan het leger.

Op dat moment realiseerde ik me dat ik verkocht was door iemand, ik wist niet door wie, voor geld. Zelfs in mijn ergste nachtmerries had ik me nooit voorgesteld dat ik me ooit in een situatie zou bevinden zo erg als deze. "Dit is de eenentwintigste eeuw," zei ik onzeker tegen mezelf. Samir klonk agressief en ik bedacht toen voor het eerst dat hij me weleens zou kunnen aanvallen. Samir El Sheik, de woestijnman, een man die ik als een vriend had gezien, sprong naar voren, greep mijn spartelende handen en ramde me bruut tegen de muur toen ik me verzette. Bevend stond ik daar en vroeg hem waar hij mee bezig was. Met koude ogen keek hij mij aan terwijl de zaklantaarn die op de vloer lag op zijn gezicht scheen. Hij trok een pistool uit de achterkant van zijn broek, richtte het op mijn voorhoofd en siste, "Als je me nog één keer tegenwerkt, Eba, geloof me maar, dan schiet ik je neer."

In welk gevecht dan ook heeft de man met het geweer de macht over degene zonder wapen. Mijn angst voor dit wapen brak mijn kracht. Samir was fysiek niet sterker dan ik, maar mijn angst om overmeesterd, gemarteld of zelfs vermoord te worden gaf hem de overhand. Hij hield het pistool op me gericht en beval me om mijn kleren uit te doen voordat hij een olieachtig goedje over mijn achterste goot en zichzelf gewelddadig in me stootte. Kreunend en hijgend als een beest beroofde hij me van mijn onschuld, opnieuw en opnieuw. De pijn die ik toen voelde tekende me zowel lichamelijk als psychisch. Ik werd gebroken, maar weigerde kapot te gaan.

Toen ik de volgende ochtend wakker werd, was mijn broek zowel voor als achter nat en met bloed besmeurd. Ik kon de scherpe pijn voelen van zijn gewelddadige gedrag en de krabwonden die zijn ongeknipte vingernagels hadden achtergelaten. Het bewijs van wat er met me was gebeurd, de schaamte die ik voelde, was zowel van mijn gezicht als mijn lichaam af te lezen. Ik kon niet bevatten wat Samir me had aangedaan. Een man waarvan ik eerst had gedacht dat hij mijn vriend was, was een beest geworden, angstaanjagender dan mijn ergste nachtmerries.

De deur ging open en de vrouw die me de vorige dag zo vriendelijk had ontvangen kwam binnen, gekleed in een blauwgele onafgewerkte sari die om haar heen hing en achter haar aan sleepte bij het lopen. De kleur van haar haren kon ik niet zien omdat haar hoofd bedekt was met een zwarte hijab. Ze bracht wat brood met boter als ontbijt en verliet de kamer weer zonder een woord te zeggen. Ik vroeg me af waarom ze zich zo gedroeg. Ik had gehoopt om een paar troostende woorden met haar te kunnen wisselen. Na de afgelopen nacht wilde ik zo graag met iemand praten, maar het gebeurde niet en mijn wereld viel stilletjes uit elkaar.

Het ontbijt zag er heerlijk uit. Toch kon ik niets eten. Ik had geen honger. Blijkbaar zou ik overdag als een gast in een vijfsterrenhotel behandeld worden, maar 's nachts niet meer dan een gevangene zijn. Zo ging het dag in dag uit door in de tijd dat ik in dat kleine kamertje zat opgesloten.

Vanaf de dag dat ik de verschrikkingen van dat kamertje was binnengelopen mocht ik niet meer naar buiten. Ik moest zelfs mijn behoefte doen in een oude emmer, die door een van Samirs wachters werd geleegd. Die handeling was het enige dat me een beetje als een geëerde koning liet voelen. In de dagen van het rijk, toen mijn grote voorouders regeerden, was het voor een man een eer om iedere ochtend langs te mogen komen om hun uitwerpselen weg te gooien.

In de tijd die ik doorbracht in mijn gevangenis ging Samir steeds verder in zijn wrede daden, zelfs tot op het punt dat hij zielige, zieke genotszoekers met zich meenam die, met zijn toestemming, mij dwongen te knielen en al het vet uit hun hangende pijpen te zuigen. De arrogantie van die genotszoekers overtuigde me ervan dat ze Samir hadden betaald voor hun zogenaamde 'speciale behandeling'.

Ik kon niets anders doen, dus zonder dat ik het wilde, zoog ik veel van die hangende pijpen onder dikke buiken totdat ik uiteindelijk besloot dat het genoeg was. Die dag, toen Samir de kamer binnenkwam, zei ik tegen hem, "Als ook maar één van die mannen weer hier komt en van me verwacht zoiets te doen, dan zweer ik dat ik in dat hangende vlees van hem zal bijten tot ik het afscheur." Ik sprak met wanhopige stem. "Als je het ook maar probeert, dan zal je het zien." Vanaf die dag kwamen er geen mannen meer.

Op een ochtend, toen de vrouw mijn ontbijt kwam brengen, keek ze me recht in mijn ogen aan. Dat was de eerste keer dat ze dat durfde. Haar gezicht stond onschuldig en ze probeerde de tranen te bedwingen die zich in haar ooghoeken vormden. Ze reikte met haar rechterhand in haar boezem en haalde een stuk papier tevoorschijn, dat ze voorzichtig aan mij gaf. Toen zoende ze zomaar mijn voorhoofd, ik kon voelen hoe zacht haar lippen waren, en verliet ze zonder een woord te zeggen de kamer.

Ik was nieuwsgierig en vouwde ongeduldig het stuk papier uit om het te lezen.

Lieve Samir,
Tien jaar geleden was ik zo dankbaar dat mijn ouders jou hadden uitgezocht om mijn wettige echtgenoot te worden. Maar toen ik je beter leerde kennen, kwam ik erachter dat ik had ingestemd met je te trouwen omdat ik naïef was en mijn ouders me onder druk hadden gezet. Nu realiseer ik me dat ik de verkeerde beslissing heb genomen. Ik kan niet blijven en toekijken hoe de plek waarvan ik gedroomd had, het huis van mijn huwelijk, wordt veranderd in een slachthuis. Ik wou dat ik een man had ontmoet die me van het juiste vocht kon voorzien om mijn lege kom van verlangen

te vullen, maar jij bent niet die man. Jij bent een meerkoppig monster dat ik probeerde te helpen, maar dat is me niet gelukt.

Ik heb er veel spijt van dat ik met jou getrouwd ben. Ik zal jou en mijn ouders nooit vergeven dat jullie me in zo'n bloederig complot hebben verwikkeld. Deze plek is besmeurd met bloed.

Ik geloof dat God me niet eens gezegend heeft om samen met jou een kind te verwekken. Door jouw weerzinwekkende daden heeft God ons vervloekt. Moge hij je nooit vergiffenis schenken.

Ik heb je avondeten bereid, het staat klaar op de eettafel. Eet zoveel je kan, want mijn kookkunsten zal je nooit meer proeven.

Ik ga de stad uit. Zie me niet langer als je wettelijke echtgenote, want met dit hoofdstuk in mijn leven ben ik klaar. Verdoe geen tijd door naar mij te zoeken, want je zult me nooit vinden.

Moge de zweep van de duivel je straffen en je vlees in de diepten van de Hel gooien.

Met pijn en tranen, Suria

Terwijl ik de brief las, liepen de tranen over mijn wangen. Ik wist nu dat ik in de handen van een monster was beland. Ik bedacht dat Suria wilde dat ik begreep dat zij geen deel uitmaakte van Samirs duivelse gedrag. Ik voelde me verbonden met de pijn die ze moet hebben doorstaan en vroeg me af of ze haar verhaal ooit met iemand anders had gedeeld. Ook merkte ik dat ik bezorgd was over de tactiek die ze misschien zou gebruiken om zichzelf te verlossen van de monsterlijke schaamte die ze bij zich droeg. Zou ze zo ver gaan dat ze haar eigen leven zou nemen? Als ze dat deed, was ik waarschijnlijk de enige die haar ware verhaal kon navertellen.

Nadat Suria weg was stelde ik me haar voor als een insect dat het was gelukt om uit het web te ontsnappen, een van de vele insecten die vastzaten in het web van een spin. We waren allemaal insecten die gevangen zaten in Samirs web.

Een paar uur later kwam Samir mijn kamer binnen en vroeg hoe het met me ging. Ik gaf hem geen antwoord, maar wel Surias brief, een stuk papier waarvan ik zeker wist dat het hem uit elkaar zou scheuren. Bij het lezen trok hij wild aan zijn haren. Toen hij klaar was pakte hij me hardhandig bij mijn hoofd en smeet me tegen de muur. Hij gilde harder tegen me dan ik hem ooit had horen doen.

"Waar is ze?" schreeuwde hij, "Vertel me alles wat je weet, Eba!" "Ik heb geen idee!" zei ik tegen hem. Woedend ging Samir de kamer uit. Zijn voetstappen werden steeds luider terwijl hij de trap afliep. Hij schreeuwde naar zijn wachters, "Waar is mijn Suria? Waarvoor betaal ik jullie sukkels überhaupt?"

In mijn hoofd sprong een beeld op van Suria die de hand vasthield van een knappe man met een lichte potloodsnor. Een man die geen parfum droeg maar van nature lekker rook. Ik zag hoe hij haar optilde en zoende en hoe zij glimlachte. Ze zouden naar een plek gaan waar Suria zich minder zorgen hoefde te maken en waar ze vrij zou zijn. Ze zouden kinderen hebben en de vrede ontdekken. In mijn gedachten had ik veel wensen voor Suria, maar helaas waren mijn wensen niet te koop. Als ze dat wel waren geweest, had Suria ze allemaal kunnen krijgen.

Na een heftige middag begon Samir een beetje te kalmeren. Een wijs man had me ooit verteld dat we alleen door kalmte onze innerlijke vrede konden vinden. Ik moest toen wel een moment van innerlijke vrede gevonden hebben dat me onbewust hielp om in slaap te vallen. Mensen zeggen wel eens dat 's middags slapen een teken is dat je ouder wordt, maar in mijn geval was ik gewoon doodop. Toen ik mijn ogen opende was het al nacht. Samir lag plat op zijn buik naast me, zachtjes huilend en toen hij uiteindelijk sprak, kon ik de bitterheid in zijn stem horen.

"Ik deed alles om haar gelukkig en veilig te houden," zei hij. "Ik deed alles wat er van een man verwacht wordt. Ik zorgde voor haar en ik beschermde haar en nu vindt ze dat ik dit verdien. Nu is mijn Suria weg. Het is een zegen dat ik jou heb, Eba. Jij bent het enige wat ik nu nog heb."

Hij greep mijn lichaam vast en omhelsde het, een omhelzing die steeds forser werd tot hij mijn lichaam weer tot zich ging nemen. Samir begon te huilen terwijl hij zichzelf in mijn achterwerk duwde. Hij deed het opnieuw en opnieuw tot hij tevreden was. Daarna stak hij een sigaret op en liet me alleen achter in de kamer.

Ik had een pispot kunnen vullen met mijn tranen. Samir kwam een paar uur later terug de kamer in en ging naast me op het matras liggen tot we in slaap vielen. Ik voelde me een man met een uiteengespatte droom.

Rond middernacht hoorde ik lawaai van beneden komen. Het klonk als geweerschoten. Samir werd meteen wakker en slim als hij was, tilde hij het matras op zodat hij zich eronder kon verstoppen, zo plat als een slang. Ik voelde me meer en meer gespannen toen ik beneden de deuren hoorde klapperen en dingen op de grond hoorde vallen. Het lawaai deed me denken aan de rebellen die tijdens de oorlog kleine dorpjes overhoop haalden, wanhopig op zoek naar rantsoenen.

Opeens ging de deur van de kamer open en stapte iemand naar binnen die een zaklamp recht in mijn gezicht scheen. "Waar is Samir?" vroeg een ruwe mannelijke stem. Hij klonk als een oude spreker die zijn best moest doen om het feest gaande te houden. "Weet ik niet!"

De man stond even stil en zei toen, "Vandaag is je geluksdag. Je blijft vandaag leven, niet omdat je hebt gezien wat er hier gebeurt, maar omdat je onze boodschapper zult zijn." Hij stopte met praten en zijn ogen scanden de kamer, waarna hij doorging, "Laat me je een vraag stellen, jongeman. Wat is je naam?" "Mijn naam is Eba," antwoordde ik zo snel mogelijk.

Hij richtte het automatische geweer dat hij bij zich droeg recht op mij. "Ik zal je eens iets vertellen, Eba. Hier in de verlaten stad achten we boodschappers honderd keer meer waard dan getuigen. Jij bent dus een boodschapper met ontzettend veel geluk. Zeg Samir zodra hij thuiskomt dat hij me mijn geld moet brengen. Het hele bedrag. Zeg hem dat als hij dat niet doet ik eens even een bezoekje zal brengen aan al zijn geliefden, ook zijn voorouders, en het zal ook niet zomaar een bezoekje zijn. Heb je me gehoord?" "Ik zal het hem zeggen, meneer."

Toen de gewapende man zich omdraaide om de kamer te verlaten ontspande ik genoeg om beter naar hem te kijken. Hij was net geen zes voet lang en droeg een zwarte overall. Ik zuchtte opgelucht en dankte God dat ik de volgende dag zou meemaken. Beneden hoorde ik de man praten, wat aangaf dat hij niet alleen op deze missie was gekomen.

Het hele huis werd weer stil. Samir tilde het matras op en keek me schuw aan. Hij zweette als een rijstboer die zo snel mogelijk zijn gewas probeert te oogsten voordat het allemaal uitdroogt onder de brandende zon van het droge seizoen. Ik vroeg me af hoe Samir de hitte onder dat matras had overleefd in mijn slecht geventileerde kamer.

Zodra de gewapende mannen het huis uit waren had ik spijt dat ik geen wraak genomen had op Samir door hem uit te leveren aan zijn boze bezoekers. Mijn geweten zei dat het zwak van me was dat ik het niet had gedaan, zeker na alle verschrikkelijke dingen die Samir me had aangedaan, maar ik hielp mijn geweten herinneren dat ik dan waarschijnlijk als getuige en niet als boodschapper was gezien.

Ik dacht terug aan iemand die me had gezegd dat "ieder voordeel zijn nadeel heeft" en dat je soms je pap koud moet laten worden om alle ingrediënten te kunnen proeven waarmee die was gemaakt.

Samirs lichaam kwam geleidelijk onder het matras vandaan terwijl hij tevoorschijn kroop als een slang die zijn hol uitkomt om zijn huid te warmen op een hete dag. Zijn ogen stonden verschrikt en hij sprak haastig. "We moeten hier nu meteen weg, Eba. Weet je zeker dat ze weg zijn?"

Ik knikte als een vijfjarig jongetje, ik was zo zenuwachtig om het slachthuis te verlaten. We gingen snel en stil de kamer uit en haastten ons langs de trap naar beneden, de woonkamer in. Daar lagen de lichamen van vier mannen die overduidelijk Samirs wachters waren. Ik herkende ze van toen ik in Samirs huis was aangekomen. Ze lagen daar, aan het einde van hun dienst bij Samir, het bloed sijpelde langzaam uit hun hersenen. Ik wist zeker dat ze allemaal van dichtbij in hun hoofd waren geschoten.

Samir en ik gingen als spoken het huis uit. We namen de tijd en liepen behoedzaam maar doelbewust, alsof we ontsnapten uit een maximaal bewaakte gevangenis. We verborgen ons door dicht bij de muren en achter iedere deur die we onderweg tegenkwamen te blijven. Langzaam en fluisterstil vonden we onze weg door de achterdeur en verlieten het terrein door over het hek te springen. Samir hield een taxi aan die voorbijreed.

"Hou je van reggaemuziek? Weet je wie de koning van reggaemuziek is?" De taxichauffeur bleef maar vragen op me afvuren tijdens de rit. In de achteruitkijkspiegel kon ik zijn twee gouden tanden zien, beide met de ets van een pistool in het midden. Als ik antwoord had gegeven op zijn vragen had ik het risico gelopen dat ik het verkeerde antwoord gaf, dus hield ik mijn kiezen stevig op elkaar. Ik wist wel wie de koning van reggae-muziek was. Alimamy's moeder had me ooit als een kerstcadeau een zwart T-shirt met een print van zijn gezicht gegeven. Naar mijn mening vroeg de taxichauffeur veel te veel, zeker omdat Samir hem had gevraagd harder te rijden. Had de taxichauffeur in de gaten dat we op de vlucht waren? En rook hij mijn mishandelde, ongewassen lijf? Ik was me pijnlijk bewust van Samir die naast me zat. Ik wilde hem aanvliegen, schreeuwen en slaan, maar ik had hem nodig om hier weg te komen.

De hitte in de bedompte taxi was onuitstaanbaar. De muziek was storend en weer had ik geen idee waar we heen gingen. De gele taxi was zo oud dat ik de weg kon zien door een gat in de roestige metalen vloer. De chauffeur gaf plankgas en de snelheidsmeter gaf aan dat we bijna honderd kilometer per uur gingen.

Samir babbelde aan een stuk door tegen de chauffeur, waarschijnlijk om zijn zenuwen in bedwang te houden. De auto reed langzamer totdat de motor stilviel. We waren bij een kleine vissersgemeenschap aangekomen. "Veel geluk, mijn vriend," riep de chauffeur naar me voordat hij wegreed.

Op het strand waren zo'n tien kleine vissersbootjes opgesteld, allemaal in slechte staat. Twee ervan werden gerepareerd en de mannen waren bezig met het hameren en breeuwen van het oude hout. Naast de reparaties waren mensen ook bezig met het herstellen van visnetten en andere huishoudelijke taken. Het tij kwam rustig opzetten en de golven raakten zachtjes de kuststrook bij de kade. Een groep vrouwen zat er in het zand, wachtend tot hun geliefde zeelieden van zee zouden terugkeren.

"Hierheen," commandeerde Samir en hij richtte zijn wijsvinger naar een eenzaam, maar kleurrijk huis bovenop een kleine heuvel. Het stond zo'n vijfhonderd meter van de vissersactiviteiten vandaan. Het glimmende huis op de heuvel toonde het klassenverschil met de vissersgemeenschap, want de huizen eronder waren voornamelijk uit klei gebouwd.

Ik liep achter Samir aan langs het strand, als een hond aan een riem, terwijl we onze weg zochten naar de top van de heuvel. Door Samirs gehijg tijdens het klimmen werd ik nieuwsgierig naar zijn lichamelijke conditie. Toen we eindelijk bij de trap waren aangekomen die naar de voordeur van het gebouw leidde, hield Samir mijn voetstappen nauwlettend in de gaten. Hij gedroeg zich als de bewaker van een gevangene die op weg was naar het gerecht.

Het melancholieke geluid van een viool kwam vanuit het huis en bracht droeve herinneringen aan mijn overleden moeder met zich mee en deed me eraan denken hoezeer ik mijn vrienden miste. Ik keek terug op een paar prachtige dingen die ik achter me had gelaten en vroeg me af of ik ooit nog mijn thuisland zou zien. De viool bleef spelen terwijl we voor de deur stonden te wachten tot hij opening. Ik moest denken aan het lied "Wanneer zal ik mijn thuis weer zien" en werd eventjes emotioneel. Ieder kind dat geboren is op mijn geboortegrond, de Republiek van Yougosoba in het Continent van de Leeuwen, kende dat lied goed. Een lied dat we vooral in oorlogstijd zongen.

Na één keer kloppen duwde Samir tegen de deur, die makkelijk opening en we liepen naar binnen. De muziek hield even op toen Samir in zijn lokale dialect de vioolspeler groette en ging daarna veel langzamer en romantischer door. We stonden bij de deur naar de woonkamer toen de violiste zich eindelijk omdraaide. Ze leek rond de dertig te zijn en was gekleed in een rood met zwarte flamencojurk met gouden franjes rond haar nek. De jurk viel perfect om haar lichaam en trok strak over haar heupen tot helemaal aan de grond, waar de stof als een soort cirkel om haar heen viel. Op haar hoofd droeg ze een kleine bruine kam in de vorm van een vlinder, die netjes haar haren naar achteren hield. Ze was blootsvoets en ik kon zien hoe glad haar hielen waren voordat ze in een van de kamers in de aangrenzende gang verdween.

Na een paar minuten kwam er een man met donker krullend haar uit de kamer waar de vrouw in was verdwenen, hij liep op ons af. De man keek ongelukkig terwijl hij Samir omhelsde. Ik keek toe hoe de tranen over de wangen van de twee volwassen mannen liepen en vroeg me af of het krokodillentranen waren of dat ze echt uit het hart kwamen. Was deze man net zo'n beest als Samir? En waar was ik terechtgekomen? Een nieuwe gevangenis of een plek waar ik kon vluchten? Samir stelde me aan zijn vriend voor, die ons snel naar een kamer bracht met een groot bed en een kledingkast waarvan één van de deuren omgebouwd was tot spiegel. Er was één raam met doorzichtig glas dat over de zee uitkeek en waarvoor dikke tralies hingen.

"Je moet in deze kamer blijven tot ik zeg dat je naar buiten mag. In de tussentijd ga ik wat regelen zodat we kunnen oversteken naar het Beloofde Land. Onthoud, jij bent alles wat ik nu nog heb. Als jij me voor de gek houdt, maak ik je af." dreigde Samir.

Ik werd bang toen Samir zich begon uit te kleden. Hij deed eerst zijn gewaad af en toen de katoenen doek die om zijn middel was gewonden. Hij vouwde de doek uit, die ook als een soort riem had gediend, en haalde er geld uit tevoorschijn. Allerlei verschillende vreemde munteenheden haalde hij eruit, allemaal schoon en nieuw. Ik kon me niet voorstellen waarom Samir met zo'n enorm bedrag in cash rondreisde.

"Ik bewaarde dit geld omdat ik wist dat er dagen zoals deze zouden komen," zei hij, "Sommige mensen denken dat geld alleen een ruilmiddel is, maar voor mij is geld dé spil van het menselijke bestaan. Geluk, levensonderhoud en het grootbrengen van een gezin draait allemaal om geld." Zijn stem trilde terwijl hij sprak en ik kon zien hoe ver hij zou gaan om meer geld te verdienen. "We zouden hier nu vastzitten, ergens tussen de woestijn en de zee, als ik dit geld niet had gehad. Zie je dat eiland aan de andere kant van de oceaan, Eba?" vroeg hij, zijn wijsvinger naar het raam richtend. Ik kon vaag het vaste land onderscheiden, maar het was allemaal te vaag om te zien hoe groot of klein het was. "Dat is het Beloofde Land," zei hij, "We kunnen de tocht over zee betalen en daar komen, maar alleen in cash en niet in mooie woorden of beloftes."

Hij deed het geld per munteenheid in afzonderlijke buidels voordat hij me strak omarmde. "Ik ga nu onze vrijheid kopen. Je moet me weer vertrouwen, want zodra we voet op de grond van het Beloofde Land zetten, wordt alles beter. Dan zijn onze problemen voorbij en zal ik je vrijlaten zodat je kan doen en laten wat je wilt. Maar tot die tijd moet je naar mij luisteren."

Ik keek door het tralieraam van onze kamer naar de zonsondergang toen ik een blauwe auto naar het huis zag rijden. De activiteiten aan de kade namen af. De vissers en marktvrouwen verlieten de werf om zich thuis bij hun families te voegen. Hun vertrek maakte van de eerder nog drukke werf een stil plezierstrand. Zwerfhonden en katten namen bezit van de werf. De zwervers begonnen met hun dagelijkse routine om te overleven en deden zich tegoed aan de overgebleven visresten van de vissers. Al werd er gevochten om de graten, uiteindelijke legden ze hun geschillen bij en deelden de restjes.

"Open de poort!" schreeuwde de baas van het huis. Meteen werden de kettingen weggehaald die de poort dichthielden en werd de metalen poort wijd geopend voor de aankomende auto, zodat die het terrein op kon rijden. De poortwachter droeg een bruin uniform en een pet op zijn hoofd. Aan zijn borstzakje zat met een geknoopt touw een fluitje gebonden, dat hem eruit liet zien als een professionele bewaker. Terwijl de auto zijn weg zocht over het terrein, gaf de wacht acht als een eervol welkom voor de nieuwe gasten. Zijn gebaar deed me denken aan mijn eerste les salueren tijdens mijn kortstondige legertraining. Toen vertelde sergeant Njai mij en de andere rekruten dat een saluut het belangrijkste teken van respect was in het leger.

Langzaam reed de auto het terrein op en liet bandensporen achter op de zachte, zanderige grond. Vier jonge meisjes, vergezeld door een slanke, knappe jongeman, stapten uit de auto. Ik vroeg me af of de jongeman dezelfde rol had gespeeld als Samir tijdens onze reis door de woestijn. Hij had een tevreden blik op zijn gezicht toen hij de meisjes richting de trap bij de achterdeur begeleidde. De meisjes zagen er arm en ongemakkelijk uit terwijl ze de leider volgden en ik keek ze na tot ze uit mijn gezichtsveld verdwenen waren.

Samir was nog steeds bezig met zijn geld en wikkelde het weer in de doek. Toen hij eindelijk klaar was, wierp hij een waarschuwende blik mijn kant op en liet me alleen in de kamer achter. Een paar uur later werd de deur geopend door een van de beveiligers, die gekleed was in hetzelfde bruine uniform als degene die de poort had geopend voor de auto. Hij duwde de vier meisjes hardhandig mijn kamer in. Agressief deed hij de deur weer dicht en ik hoorde hem de deur van buiten op slot doen.

De meisjes, die ongeveer even oud waren als ik, huilden toen ze de kamer inkwamen. De tranen liepen over hun gezicht als een onaangetaste waterweg. Nadat ze een paar minuten hadden gehuild werd het een halfuur lang stil. Ik dacht na over hoe ik de situatie kon keren, want nu leek het echt uit de hand te lopen. Eén van de meisjes keek me aan en zei, "Denk er niet aan om te proberen te ontsnappen. De weg naar huis is al afgesloten."

"Hoe bedoel je?" vroeg ik haar. "Twee weken terug hielp een vrouw die hier als bediende werkt me weg te komen, maar hun netwerk is groot en machtig," zei ze. "Nadat ik twee dagen vrij was, werd ik in de woestijn door twee van hun patrouilles gevonden en uitgeleverd aan mijn eigenaar." "Hoe wist je dat ik aan ontsnappen zat te denken?" vroeg ik. "Het is in je ogen te lezen." "Als ik naar je kijk zie ik dapperheid, ambitie en moed."

Ik luisterde naar de waarschuwing in haar verhaal en veranderde snel van gedachten over ontsnappen. Ik haalde diep adem en vroeg een van de meisjes, "Waar hebben ze je vandaan meegenomen?" "We komen allemaal uit verschillende plaatsen. Mijn naam is Jemilla. Ik ben van mijn tante afgepakt in het dropje Yalu in het zuiden van Cacao."

De drie anderen hielden op met huilen toen ze het gesprek tussen mij en Jemilla hoorden. Een van hen deed mee en begon haar verhaal te vertellen. "Mijn naam is Massa. Ik woonde op straat in de stad Bong met deze twee meiden, waar we drinkwater verkochten. Een man kwam naar ons toe en vroeg ons met hem mee te gaan naar een feest waar mensen al ons drinkwater zouden kopen. Zijn aanbod stemde ons hoopvol en we gingen achter hem aan. Na een halfuur lopen kwamen we bij een afgelegen weg waar een rode minibus stond. Hij zei dat we de bus in moesten gaan, wat we deden, en daar zijn onze problemen begonnen. Er waren daarbinnen drie andere mannen die ons hadden opgewacht en ons beetpakten. Ze blinddoekten ons met witte katoenen tassen en bonden onze handen achter onze rug vast met een touw. Ze reden met ons weg en na uren kwamen we aan bij een verlaten gebouw. Daar namen ze onze blinddoeken weg en beloofden dat ze ons zouden meenemen naar een plek waar we meer geld konden verdienen dan het wisselgeld dat we op straat kregen voor het verkopen van drinkwater. Ze zeiden dat we nooit meer terug naar de straat zouden hoeven om drinkwater te verkopen en dat we rijke mensen zouden worden. Sindsdien zijn we naar allerlei plekken gebracht waar allerlei mannen zonder toestemming onze lichamen aanraakten. Ik was nog maagd voordat ze me ontvoerden, maar mijn maagdelijkheid is me bruut ontnomen door een grote man met een smerige baard over zijn hele gezicht."

Massa had een fijne huid en een tenger, ovaalvormig gezicht dat haar simpelweg prachtig maakte. De andere twee meisjes, Sallie en M'mama, zaten stilletjes naast haar terwijl Massa hun verhaal vertelde. Ik verbeeldde me dat de vier meisjes verloren prinsessen waren die verlangden om naar huis te gaan en hun vader, de koning, wilden zien. Wanneer ze spraken leken hun stemmen van veraf te komen, alsof ze ergens buiten mijn bereik in de wildernis zaten. In mijn visioen zag ik de vier prinsessen aan elkaar gebonden als een bos prachtige, vers geplukte tulpen die verloren achtergelaten waren door iemand die niet begreep hoeveel ze waard waren. Op dat moment verscheurde ik mezelf bijna van woede. Ik voelde me als een beest zonder klauwen. Door hun afschuwelijke verhaal vergat ik mijn eigen pijn. Ik wenste dat ik ons allemaal daarvandaan kon halen, uit de vreselijke kooi waarin we waren opgesloten. Maar opnieuw waren mijn wensen niet te koop. Anders hadden Jemilla, Massa, M'mama and Sallie ze kunnen krijgen.

Jemilla haalde me uit mijn gedachten, "De vrouw die me hielp ontsnappen zei dat ik koste wat kost moest zorgen dat ik wegkwam, omdat ik anders verkocht word aan een rijke man uit een olierijk continent." "Gaan ze ons ook verkopen?" vroeg M'mama. "Wie weet," antwoordde Jemilla. Het leek erop dat alle energie uit haar was gelopen zodat ze niet eens meer kon huilen. Ze was bereid om wat het lot ook voor haar had bepaald het gewoon te aanvaarden. Ook de andere meisjes hadden hun kracht verloren en ik kon zien dat ze zich hadden overgegeven aan de duisternis van de wereld.

Het was al laat in de nacht toen de meisjes eindelijk in slaap vielen. Ik was nog steeds wakker en keek naar hun vermoeide en onschuldige gezichten. Ik kon niet slapen. Ik wenste dat ik mezelf om kon toveren in honderd sterke mannen en onze ontvoerders uit elkaar kon scheuren, zodat ik deze onschuldige zielen kon redden. Ik had net de vlam van de kerosinelamp lager gedraaid toen ik het slot van de deur hoorde rammelen. De deur werd geopend door een bewaker die onze kamer binnenkwam en naar Jemilla liep. Zonder een woord te zeggen opende hij een waterfles en gooide koud water in haar gezicht. Ze schrok meteen wakker, maar was verward en duidelijk gedesoriënteerd. Ze kwam half overeind, nog bijna in slaap, en keek de kamer rond. "Ga met me mee!" beval de bewaker.

Jemilla was nog in de war en begreep niet wat er gaande was en voordat ze bij zinnen kon komen begon de bewaker haar van het bed te slepen. Hij trok haar hardhandig mee met haar rug over de ruwe planken naar de gang, waar ze zich begon te verzetten toen ze besefte wat er gebeurde. De chaos wekte de andere meisjes en ze begonnen luid om hulp te roepen, maar hun geschreeuw kon Jemilla niet helpen.

We konden Jemilla's gegil vanuit het gedeelte achter in het huis horen. Haar afschuwelijke jammeren hield ons klaarwakker. We waren doodsbang voor wat ze met Jemilla aan het doen waren en we konden niet slapen totdat haar wanhopig gehuil stopte. Ik ging ervan uit dat ze verkracht werd en bad tot God om te bewijzen dat hij echt bestond door haar, en ons, te redden van deze onvoorstelbare terreur.

"Misschien heeft iemand haar al gekocht," zei Massa met koude stem. Ik keek haar aan en siste woedend, "Dan is die persoon een lafaard. "Onverwachts onderbrak Samir ons gesprek. "Waar hebben jullie het over?" vroeg hij terwijl hij stilletjes de kamer inkwam. "Niets," antwoordde ik.

Hij verliet de kamer even plots als hij binnengekomen was en ging terug naar de woonkamer, waar hij en zijn vrienden dronken en luid praatten tot diep in de nacht.

Over de oceaan

Toen ik de volgende ochtend wakker werd, was ik als enige in de kamer. Verbaasd zag ik dat de meisjes er niet meer waren en ik ging ervan uit dat ze waren weggehaald toen ik nog sliep. Ik sprong het bed uit en keek door het raam naar de lichtgrijze hemel. Ik had gehoopt dat ik nog een spoor zou zien van de meegenomen meisjes, maar tot mijn teleurstelling zag ik niets. Eventjes liet ik mijn hoofd hangen en gebruikte toen de gelegenheid om nog eens door het raam naar buiten te kijken, maar er was nog steeds niemand die ik herkende.

Op de werf beneden werd het langzaam weer drukker met mensen die een voor een arriveerden en het dagelijkse vissersgebeuren in gang zetten. Ik begon me af te vragen of de meisjes nog in de buurt waren en of ze nog leefden. Ik liep naar de deur om even voorzichtig te luisteren of er nog andere geluiden vanuit het huis klonken, maar alles was stil. Waarschijnlijk had de vorige nacht de alcohol alles overgenomen en de wilden diep in slaap gebracht. Ik probeerde of ik de deur open kon krijgen, maar die was van buiten op slot. Opnieuw dacht ik na over een ontsnappingsplan, tot ik me de waarschuwingen herinnerde die Jemilla me de vorige dag had gegeven. Maar aan de andere kant, dacht ik bij mezelf, is een man niets waard als hij geen overwogen risico's neemt. Mijn vader nam het risico om in hoge palmbomen te klimmen om de wijn te oogsten waarmee hij voor zijn familie zorgde. Hij bleef het doen zelfs toen een van zijn vrienden op een middag uit een palmboom was gevallen en stierf. Voor mij was het logisch om een poging te wagen die me misschien uit de handen van deze goddeloze mensen zou bevrijden. Ik besloot dat het echt mijn enige optie was om te proberen uit Samirs handen te ontsnappen, ondanks de risico's die dat met zich meebracht.

Toen ik terugkwam bij het raam zag ik dat er vanuit de mistige zee een boot was aangekomen. Ze was volgestouwd met mensen. Ik kon de woorden 'Living Wood' onderscheiden, die in groen op de zijkant van de naderende boot geschilderd waren. De boot was gemaakt van hout dat boven luchtblauw en onder rood was geschilderd, wat de maximale diepgang aangaf. Het geluid van pratende mannenstemmen en babygehuil steeg op toen de boot tegen de steiger stootte. Toen hoorde ik het slot van de deur rammelen en werd ik afgeleid. Samir kwam de kamer in en blafte naar me, "Schiet op, Eba, de tijd is aangebroken dat we naar het Beloofde Land gaan." Ik kon niet anders dan mijn meester volgen. Samir en ik, vergezeld door twee van zijn vrienden, verlieten het huis via de trap die naar de werf beneden leidde. Ik draaide me steeds om om te zien of we door iemand gevolgd werden. Ik ving nog één keer de blik van de vioolspeelster van de vorige dag. Ze keek op ons neer van boven aan de trap, waar ze in haar eentje stond. Ik lachte naar haar en ze glimlachte terug, zwaaiend met haar rechterhand. Hoe dichter we bij de boot kwamen, hoe hoopvoller ik me voelde, zelfs al wist ik niet wat er met ons ging gebeuren zodra we de andere kant van de zee bereikt hadden. Ik zei tegen mezelf dat ik moest vertrouwen op wat Karamokoh, de traditionele heler, me had verteld voordat ik vertrok. Volgens hem zou mijn leven mooier worden zodra ik in het Beloofde Land was aangekomen. Terugdenken aan zijn woorden plantte een klein zaadje van hoop in mijn gedachten. Dat kleine zaadje zei me dat de schat op ons lag te wachten. Desondanks wist ik dat ik Samir niet kon vertrouwen en verlangde ik naar de dag waarop hij me vrij zou laten in het Beloofde Land, zoals hij had beloofd.

"Schiet op, zo meteen wordt het eb," riep een van de bootwerkers naar ons toen we bij de kust kwamen. Hij was een stevig gebouwde man met lange handen. Het was zijn taak om de mensen te vergezellen die voor de boot waren gekomen en hij tilde me op en gooide me de boot in alsof ik een kleine bundel papier was. Ik landde ruw in de boot, vlak voor de voeten van een enorme man met een korte, dikke nek. De man zat naast een bundel van wat waarschijnlijk zijn bagage was, met zijn benen uitgestrekt. De boot was nu al overvol. Ik probeerde het mezelf gemakkelijk te maken toen ik Samir op dezelfde manier in de boot zag landen als ik zojuist had gedaan. Hij baande zich agressief een weg door de menigte van passagiers en perste zichzelf langs hen om bij mij te komen.

"Ga aan de kant, stelletje varkens," hoorde ik Samir roepen terwijl hij mijn kant op kwam in de volle drukke boot. De passagiers gingen meteen opzij en hij duwde zich langs hen. Ik keek toe hoe een vrouwelijke passagier gelijk opschoof om plaats vrij te maken voor Samir, die duidelijk vastberaden was om naast mij te gaan zitten.

De kapitein van de boot begroette hem. "Hallo Samir. Ik

heb je bericht ontvangen. Alles is geregeld." De kapitein was lang met een slank lichaam en een verweerd gezicht dat hem eruit liet zien als een oude piraat. Hij had een grijze, gevorkte baard en rookte een ongefilterde sigaret gevuld met lokale tabak, terwijl hij zijn blik over zijn passagiers liet gaan. Samir richtte zijn aandacht op de activiteiten in de boot en negeerde de opmerking van de kapitein. Hoewel hij probeerde te doen alsof hij de kapitein niet kende, had ik door dat zij elkaar wel degelijk goed kenden en begrepen.

De boot begon vervaarlijk te schommelen zodra de golven de zijkant raakten. Mijn maag speelde op door de benzinelucht gecombineerd met de hitte die van de stinkende passagiers opsteeg. Nog voordat we de kust hadden verlaten was ik al zeeziek. Samir was niet verrast, want hij wist dat deze reis mijn eerste avontuur op zee zou zijn.

De zee was koud en de vroege ochtendwind wakkerde de kracht van de golven die naar de kust rolden aan. Het werd steeds kouder en Samir opende zijn tas om er een warme jas uit te nemen, die hij aan mij gaf. "Doe aan," zei hij, "het zal midden op zee erg koud zijn." Hij haalde een donkergroene fles uit de tas tevoorschijn, met een geel label waarop "Dry Gin" geschreven stond. Voorzichtig nam hij de kurk uit de fles en dronk wanhopig en gulzig totdat de heldere vloeistof tot nog maar de helft van de fles kwam. Hij deed de kurk weer stevig op de fles en was overduidelijk niet van plan om te delen.

Mijn hart begon sneller te kloppen toen de kapitein het touw aantrok dat leven bracht in de motor aan de buitenkant van de boot. De boot lag nog aan de steiger, niet ver van waar alle vissers bezig waren. De kapitein seinde naar de matrozen om de trossen los te maken en de Living Wood draaide dramatisch om en vertrok richting de mistige zee. Het buitenboordmotortje van vijfenzeventig PK gilde, vastberaden om de woeste golven te gaan verkennen.

"Luister allemaal!" De kapitein vroeg om aandacht en sprak de passagiers van zijn overvolle boot toe. "Mijn naam is kapitein Sane en ik ben de kapitein van deze boot. Ik wil dat jullie allemaal weten dat de grens tussen leven en dood behoorlijk dun is. Zo dun als een draad. Die dunne draad is nu deze boot, het hout dat ons draagt. Onder mijn gezag is er geen ruimte voor paniek. Dit is nu de tiende tocht die ik naar de overzijde van de zee maak en elke tocht hiervoor was succesvol. Blijf rustig en blijf op je plaats. Ik sluit af door jullie een prettige reis te wensen." De manier waarop hij zijn praatje afsloot liet hem klinken alsof hij de kapitein van een luxe cruiseschip was, maar ik was niet overtuigd. Voor mij voelde het alsof we aan boord van een gevaarlijke dodenval zaten.

Het eerste halfuur van de reis was iedereen stil, behalve een man die in de naam van God aan het prediken was. Hij riep en bad om een rustige zee. "Ik bid nu om kalmte, zoals ook de prins der prinsen de zee tot bedaren bracht," verkondigde de prediker. Bij het uitvoeren van zijn rituelen liep het zweet langs zijn voorhoofd. Hij bad met zijn palmen open en naar de hemel gericht. Ik wilde weten of God op dat moment bij ons aanwezig was, maar ik zag alleen tekenen van aankomende ellende in de donkergrijze hemel hangen. We gingen verder en de mist om ons heen werd steeds dichter en onheilspellender. Nadat we een tijd gevaren hadden, veranderde de grijze lucht gelukkig in andere, diepere kleuren. Eerst werd de lucht oranje, toen rood, totdat hij er uiteindelijk uitzag als een massa brandend giftig afval. Zelfs al beloofden de tekenen voor ons niets goeds, de boot bleef een kalme en standvastige koers varen en liet de boeg de golven in tweeën breken.

Een paar dolfijnen sprongen als acrobaten uit het water en bleven even in de lucht hangen voordat ze weer terug de zee in vielen. Het leek op een romantisch ritueel dat zich in de onderwaterwereld afspeelde. Ik stelde mezelf voor dat ik in een prachtige tuin was waar ik dartelde met iemand van wie ik hield, en mezelf net zo op de grond gooide als die dolfijnen zichzelf in de lucht. Ik lachte toen ik naar de dolfijnen keek. Ze deden me denken aan de duiven die ik vroeger in de jungle rond mijn dorp zag, terwijl ze elkaar in de liefde achterna jaagden. De scène die zich in mijn gedachten afspeelde nam me zo diep en ver mee, dat ik bijna vergat dat ik in een bewegende dodenval zat. Toen ik weer in de werkelijkheid kwam, lag Samirs hoofd op mijn rechterschouder. Zijn ogen waren dicht en hij snurkte in een vast ritme. Over zijn kin liep een straaltje speeksel dat hem eruit deed zien als een slapende beer in de jungle van Yougosoba, altijd kwetsbaar om gevangen en vermoord te worden door menselijke roofdieren. Ik voelde een diepe haat voor deze man, maar ook een grote angst. Ik durfde hem niet van me af te duwen.

Tegen de tijd dat de dolfijnen klaar waren met hun dramatische spel had ik het ijskoud gekregen. Een baby begon hard te huilen. Het kind huilde zo bitter alsof iemand hem zo hard geknepen had dat hij de botten had geraakt, een pijn die ik me goed kon voorstellen. De moeder van de baby was een jonge, ongelukkig uitziende vrouw met een verontruste frons op haar gezicht. Ik keek toe hoe ze haar hand in haar boezem stopte en een van haar borsten tevoorschijn haalde. Voorzichtig legde ze de tepel zachtjes in het mondje van de baby. De troost van de moedermelk hielp het kindje even te kalmeren, maar al snel begon het weer te huilen, nu nog harder. Het gekrijs wekte Samir en een aantal andere passagiers die ook hadden liggen slapen. De sfeer verdraaide van vredig naar onrustig. Passagiers begonnen met elkaar te praten. Hun gesteggel liet de boot klinken als een kleine marktplaats vol mensen die allemaal verschillende talen spraken.

"Let op," waarschuwde Samir, "we zitten nu midden op de zee." De wind begon steeds krachtiger en feller te blazen en het voelde en klonk heel anders dan een uur geleden. De boot ging robuust tegen de wind en de wilde golven in. "Doe je reddingsvesten aan en blijf rustig," riep de kapitein.

Het begon te regenen. Ik voelde de druppels op mijn gezicht vallen en keek hoe het weer drastisch omsloeg. Binnen een paar minuten zaten we midden in een storm die al snel gevolgd werd door donderslagen en bliksemschichten. Er waren maar een paar reddingsvesten aan boord, veel te weinig voor het aantal passagiers. Ik had geluk dat ik er een had, een oranje vest dat Samir me had gegeven vlak voordat we aan boord waren gegaan. De onrust groeide terwijl de storm en de regen steeds heviger werden. Al na een paar minuten was ik tot op mijn botten doorweekt en begon ik te rillen alsof ik koorts had, deels van de kou en deels van angst. Toen ik probeerde te praten waren mijn kaken al helemaal verstijfd, dus zat ik daar in stilte. Kristalheldere druppels liepen uit mijn neus en verzamelden zich in een soort prut dat zout smaakte op mijn bovenlip. Het gehuil en gekrijs van de jonge kinderen aan boord werd bijna overstemd door het geroep van de volwassenen. Mensen begonnen zich te verplaatsen, waardoor de boot nog instabieler werd. De golven werden alsmaar hoger en de lucht werd nog donkerder. Het was alsof het midden op de dag nacht was geworden.

Een enorme golf sloeg hard tegen de boot, waardoor we allemaal in paniek raakten. We werden van onze plaatsen gegooid en mensen vielen bovenop elkaar. De kapitein sprak niet, maar het leek erop dat hij de macht over de boot kwijt was. Ik zag hoe hij worstelde met de buitenboordmotor en wanhopig probeerde de boot recht te houden, maar bij iedere poging werd hij door de golven verslagen.

"Wat er ook gebeurt, hou je vast en blijf bij me," zei Samir. Hij was helemaal doorweekt en bibberde onbeheersbaar. Samir en ik spraken met een dikke tong, alsof we waren vergiftigd. De kans dat de boot zou omslaan werd zichtbaar groter. In mijn hoofd begon ik een gebed op te zeggen. Er kwam een geruststellende gedachte in me op: als ik zou verdrinken, zou ik me bij mijn moeder voegen. Toen ik mijn hoofd optilde uit mijn gebed, zag ik dat er een gigantische golf recht op ons afkwam die de kapitein zo goed mogelijk probeerde te ontwijken, maar hij kon niet anders dan er recht tegenin gaan. De grote golf raakte de boot zonder genade en ze sloeg bijna om onder de enorme kracht. De klinknagels kraakten terwijl ze hun grip op het hout van de Living Wood verloren. Door de puinhoop aan boord leek het alsof we getuige waren van de Dag des Oordeels.

De chaos werd steeds groter tot de situatie echt uit de hand liep. Koffers en andere persoonlijke eigendommen dreven in het water en werden meegenomen door de razende golven, waar de boot zich nog steeds doorheen worstelde. Het gehuil van jonge kinderen en vrouwen ging door, maar het huilen van de motor was gestopt. De zwaar gehavende boot vulde zich snel met zout water en was zo gedraaid dat ze haaks op de golven lag. Voordat we het wisten begon de boot te zinken terwijl de golven tegen het overgebleven hout bleven beuken. Een nieuwe golf, zo hoog als een berg, kwam op ons af en onder deze dreiging sprongen sommige mensen van boord voordat de golf hen weg kon vegen. Ik wist zeker dat we zouden verdrinken in de afvoer van de zee. Op dat punt kon ik me niet eens meer mijn gebeden herinneren, mijn aandacht werd compleet in beslag genomen door alles wat er om me heen gebeurde. Het enige waar ik nog aan kon denken was de enorme golf die op ons afkwam en ik haalde diep adem voordat hij de boot raakte. Ik kon toen de dunne grens tussen leven en dood niet meer onderscheiden. Ik probeerde te bedenken wat ik moest doen toen ik een plons hoorde, zo luid als een donderslag in mijn oor. De gigantische golf nam alles en iedereen in de boot met zich mee. Een poosje na de klap kwam ik weer tot mezelf. Ik hoorde het vernietigende gegil om hulp van de verdrinkende passagiers. Samir en ik lagen uitgestrekt over een houten plank waar we ons zo stevig aan vastklampten als onze ledematen toestonden. We konden geen van beiden praten. Waarschijnlijk was hij al bezig te bedenken hoe hij zichzelf als eerste kon redden van deze bittere dood.

Ik vocht om op de plank te blijven drijven, maar het was te zwaar en een aantal keer verloor ik mijn grip. Samir moest ook loslaten en ik zag hoe hij in het water worstelde om niet te verdrinken.

Terwijl Samir vocht om in leven te blijven raakte ik in een soort bewusteloze staat. Ik kon vaag het gezang van vogels horen die boven ons vlogen, maar het klonk ver weg. Ik wist niet waar ik was of wat er om me heen gebeurde. Rond me dreven lijken in het bad van de dood. Met de hulp van Moeder Geluk zag ik een lege container voor kookolie langs me drijven en ik greep me eraan vast en bleef hangen. Het idee om aan een container te hangen kwam uit een verhaal dat ik ooit had gehoord over een stel handelaars die langs de kust van het buurland Kikombosoland waren verdronken op een handelsreis. Degene die het verhaal had verteld, zei dat één vrouw het ongeluk had overleefd door zich aan een lege oliecontainer vast te klampen. Die dag werd een lege gele container mijn levensreddende reddingsboei. Ik was opgelucht dat ik had weten te ontkomen aan verdrinking, maar ik had geen idee hoelang het zou duren voor er hulp zou komen, als er al hulp zou komen.

Toen de vernietigende storm voorbij was, kwam er een periode van complete en onwerkelijke kalmte. Mijn lichaam bleef onbeheersbaar bibberen in de koude zee. Mijn voeten prikten terwijl gedierte dat diep in de zee woonde eraan leek te knagen. De grote golf, die eerder zo angstaanjagend was geweest, was nu gekalmeerd, alsof hij niets te maken had gehad met de ramp die zoveel mensenlevens had verwoest. De stilte na de storm maakte de zee rustig, hoewel de regen nog steeds gaten maakte in het wateroppervlak. De lucht, die zo donker als rook was geweest tijdens de ramp, had nu een helderblauwe kleur waarin een waterige regenboog was verschenen. Mijn ogen namen het beeld in zich op van de regen die op de lijken spetterde, lichamen van mensen die ik kortgeleden nog had gezien met tekenen van hoop op hun wanhopige gezichten. Het lijkje van een van de baby's dreef langs me heen. Ik zag het dode lichaam van de prediker die eerder met zijn handen naar de hemel tot God had geroepen om hulp. Hij dreef met zijn handen op zijn borst, strak om zijn heilige geschrift gevouwen waarin de woorden van zijn geloof stonden geschreven. Ook de kapitein en vele anderen die ik herkende hingen daar in het water.

Ik werd weer bang toen vanuit de diepten van de zee nog meer lichamen naar boven kwamen. Ze werden bij elkaar gedreven door de golven, die hen verder de zee in brachten. Van Samir wist ik niet of hij dood was of nog leefde. Hij was de enige persoon die ik echt had gekend op de boot, maar na de ramp kon ik zijn lichaam niet onderscheiden van dat van de andere slachtoffers van de storm. Ik was alleen, in leven en omringd door de resten van terreur. Bundels, rugzakken en koffers die van de passagiers waren geweest, waren in het rond gestrooid en mengden zich nu met de lichamen.

De chaos op zee maakte het onmogelijk om de eigendommen van mensen uit elkaar te houden. Er kwam een Spaanse gitaar langs, waarvan ik me nog kon herinneren dat hij van een muzikant aan boord van de Living Wood was geweest. De naam van de muzikant wist ik niet, maar ik kon me voorstellen dat hij net als ik probeerde naar het

Beloofde Land te gaan, waar hij geloofde dat hij mogelijkheden zou vinden om zijn talenten in te zetten.

De verschrikkingen die ik had gezien hielden me wakker, maar ik kon me niet voor eeuwig vasthouden. Ik was duizelig en hopeloos en het laatste beetje energie dat ik had werd door het koude water weggenomen. Ik voelde mezelf in slaap zakken.

Het idee om op een lege container te midden van de zee te slapen maakte me alert en ik dwong me om mijn ogen open te houden, alsof ik een slapende vis was. Maar er kwam een punt waarop ik me niet langer vast kon houden, half levend en half dood. Na een lang gevecht werd ik verslagen door de slaap en verdween ik in mijn dromen.

In mijn sluimer hoorde ik het gefluister van een vrouwenstem die mijn naam riep en echode tot hij vervaagde. Ze klonk alsof ze niet alleen was en ik hoorde het geroezemoes van verschillende andere stemmen terwijl ze mijn naam bleef roepen. Plotseling had ik het gevoel van een déjà vu. Na de eerste fluistering kwam uit mijn herinneringen een beeld op van een zingende godin. Ze was samen met haar kleine feetjes gekomen om een verloren ziel te omarmen. Hun wereld was betoverend. Het was er beeldschoon en met een hint van goud, zodat alles in de omgeving glansde. Zelfs hun kleding was gemaakt van verschillende tinten lichtgevende schoonheid. Lyrisch beschreven ze hun wereld als het koninkrijk der liefde en terwijl ze zongen maakten ze een pad vrij zodat ik door de poort kon gaan. Toen zag ik een helder beeld van mijn moeder en kon ik me niet inhouden. Ik wist zeker dat zij het was, de vrouw die me in deze wereld had gebracht. Ze verscheen in een glinsterende witte jurk en hield een bos witte rozen in haar hand. Mijn moeder keek verheugd, met een brede glimlach op haar gezicht. Ze omhelsde me met open armen in de gang van een huis. Op de achtergrond ging de godin door met zingen.

"Welkom thuis, Zoon," zei mijn moeder lieflijk. Ik lachte terug terwijl we elkaar omarmden. Een kind dat de warmte van zijn moeders armen voelde. Het was een gevoel waar ik mijn hele jeugd naar had verlangd. Ik voelde me veilig en ontspande in de armen van mijn eigen moeder, de vrouw die me in deze tragische wereld had gebaard. Toen ik mijn moeder zag, realiseerde ik me dat wat mensen me zo vaak vertelden ook echt waar was: ik leek inderdaad een stuk meer op mijn moeder dan op mijn vader.

Het beloofde land

Tussen het gesprek met mijn moeder door hoorde ik zachtjes een andere stem, eentje die ik niet kende. De stem had een exotische toon en kwam me niet bekend voor. De stem klonk duidelijk genoeg om te kunnen horen dat ze van een vrouw was, al sprak ze meer vanuit de neus dan vanuit de keel. Ik had mijn ogen nog steeds dicht en wist niet zeker of de nieuwe stem deel was van het gesprek met mijn moeder of niet. Het was alsof ik tussen twee verschillende werelden zweefde, waardoor ik mijn ogen niet goed open kon krijgen en ik worstelde om wakker te worden. Op een soort spirituele wijze vocht ik wanhopig om de dunne sluier tussen leven en dood te doorbreken. Uiteindelijk won ik dat gevecht en koos dus om in leven te blijven. Mijn overwinning werd bevestigd toen ik besefte dat de stemmen die ik gehoord had van levende mensen kwamen en dat we daar waren, waar de regen kon vallen, de wind kon waaien, sneeuw kon neerdwarrelen en de zon kon schijnen.

"Je bent veilig nu," zei ze. Haar stem kraakte bij het praten, maar de woorden waren helder en luid genoeg om te verstaan. Die eerste woorden, die uit haar mond kwamen, gaven me de wilskracht om mijn ogen even te openen, al was het maar halverwege.

"Mijn naam is dokter Islaker," introduceerde de stem zich

vriendelijk, "ik ben een medisch vrijwilliger en ik ben hier om je te helpen. Je bent nu in goede handen. Ik moest je reanimeren om je in leven te houden."

Toen ik mijn ogen verder opendeed, zag ik een vrouw van middelbare leeftijd met een vastberaden uitdrukking op haar ovaalvormige gezicht. Ze werkte keihard om me terug te brengen tot een volledig menselijk wezen. Ik merkte dat mijn buik meer gezwollen was dan normaal, wat blijkbaar kwam door het zoute zeewater dat ik had ingeslikt. Ik werd even emotioneel van dokter Islakers vriendelijkheid. Na de Eerste Hulp zetten zij en haar team alles op alles om mijn leven te redden.

Ik probeerde erachter te komen waar ik was en draaide mijn nek opzij om rond te kijken. Ik herkende helemaal niemand. Er was alleen een groep verplegers in witte overjassen, van wie de meesten maskers droegen. Ik tilde mijn hoofd hoger op en keek door een rond raam naast mijn bed naar buiten. Ik wilde weten waar ik was, maar aan alle kanten werden we omringd door water. Het schip waarop ik bleek te liggen lag nog steeds op zee. Ik keek uit over het kalme, blauwe water tot ik weer wegzakte en bewusteloos raakte.

Het schip dat me gered had werd de H.M. Saviour genoemd. Tijdens mijn herstel werd ik daar door drie verschillende medische teams behandeld. Aan boord waren ook andere patiënten, maar ik herkende geen van hen als passagiers van de Living Wood. Ik wilde zo graag op zijn minst één bekend gezicht zien en wenste vurig dat ik één van de hulpeloze, borstvoeding gevende moeders met hun baby's zou zien.

"Waar is Samir?" riep ik uit. De dokters konden niet goed begrijpen waar ik het over had. Mijn tong was nog steeds zo zwaar als lood. "Ik weet niet wie Samir is," antwoordde een van hen.

Ik nam maar aan dat Samir was verdronken en omgekomen op zee. Ik kon me vaag nog herinneren hoe hij met moeite zijn hoofd boven water kon houden met hulp van die plank, maar de plank was door een golf omgeslagen, waardoor Samir zijn grip had verloren en in de zee was verdwenen. Ik had hem daarna niet meer gezien. Ondanks alle chaos, voelde ik me opgelucht en vrij. Samir kon me geen pijn meer doen.

Toen ik de volgende dag wakker werd, realiseerde ik me dat ik na de behandeling diep in slaap was geweest. Ik kon me niet herinneren dat iemand me had omgekleed in schone, droge kleren. Pas toen ik mijn arm buiten het bed wilde steken, zag ik dat er een infuusnaald in zat, waaraan een transparante kunststof slang zat. Er stroomde een heldere vloeistof door vanuit de plastic zak bovenaan de paal naast mijn bed. Er kwam geregeld een verpleger of arts langs om me na te kijken, een routine die ze de hele dag volhielden en waarbij ze elkaar afwisselden.

In de middag van de derde dag op het schip kwam er een man binnen in een lange witte jas die tot aan zijn voeten reikte en met een zwart koffertje in zijn hand. Toen hij vanuit de hoofdgang in de deuropening verscheen keek hij me recht aan.

"Goedemiddag. Hoe voel je je nu?" groette hij me terwijl hij naar mijn bed liep. Hij stelde zichzelf voor als Joseph Langley en legde uit dat hij werkte bij de afdeling Grensbewaking voor het Beloofde Land. Ik stelde mezelf ook voor, maar noemde alleen mijn voornaam.

Langley was slungelig, maar netjes gekleed en zag er goed uit. Hij rolde zijn vingers door zijn haar en opende zijn koffertje. Hij haalde er een officieel uitziend formulier uit dat nog leeg was en zonder tijd te verspillen begon hij me te vragen naar mijn persoonlijke gegevens. Naast mijn naam wilde hij mijn geboortedatum en -plaats weten en details over mijn vader, moeder, broers of zussen, vrouw en of ik misschien kinderen had. Het was de eerste keer dat ik onder zo'n heftig vragenvuur lag. Langley bleef maar naar mijn naam vragen, zelfs al had ik die al gegeven. Zijn gevraag werd steeds vermoeiender tot ik besloot geen antwoorden meer te geven. Ik nam aan dat Langley zou begrijpen dat ik uitgeput moest zijn na alles wat ik had meegemaakt en dat ik wat tijd nodig had om te herstellen, maar toen ik mijn mond hield keek hij me streng aan en zei: "Je kunt maar beter meewerken, meneer Yoko. Dit zijn vragen waar u hoe dan ook antwoord op zal moeten geven." In mijn hoofd antwoordde ik met: "geen commentaar."

Langley zag er vastberaden uit, als een jonge advocaat met een lange loopbaan voor zich en ver reikende ambities. Hij keek vast uit naar het uitvoeren van zijn eerste taak en negeerde mijn stille protest door zijn papieren in te pakken en ze voorzichtig in zijn zwarte leren koffertje te leggen, waarna hij zich omdraaide en wegliep. Zijn nette bruine leren schoenen maakten een klik-klak geluid dat in mijn oren gonsde terwijl hij naar de hoofduitgang liep. Toen hij weg was had ik het gevoel dat hij snel genoeg weer terug zou komen.

De hoorn van het reddingsschip blies hard terwijl het schip aanlegde aan de steiger van de Grote Haven van het Beloofde Land. De trotse medische vrijwilligers stonden op het bovendek en zwaaiden enthousiast naar de arbeiders op de steigers. Ik ging terug naar mijn cabine om me voor te bereiden om van boord te gaan. Ik ging op mijn bed zitten en vroeg me af waar we waren en hoe deze plaats eruit zou zien in de ogen van een nieuwkomer. Ik had zo veel over deze plaats gehoord en vond het spannend om nu aan te komen op de grond van het Beloofde Land.

Een van de verplegers op het schip had me al verteld dat ik bij aankomst op het vasteland iets moest ondergaan wat beschreven werd als een achtergrondcheck. Dit zou bestaan uit een interview, waarop een beslissing zou worden gebaseerd of ik wel of niet officieel hier mocht blijven. Hij zei dat als de beslissing niet in mijn voordeel was, ik buiten de muren gegooid zou worden die het Beloofde Land omringden en beschermden.

Wanneer ik er later over nadacht vond ik wat er tussen mij en Samir was gebeurd lijken op het verhaal van Mozes en de grote farao. Wat er met Mozes en zijn volk gebeurd was, is ook een tragische geschiedenis. Ik dacht dat als mijn verhaal ooit door iemand verteld zou worden, die persoon me als de Mozes van de moderne tijd zou beschrijven en Samir als de farao die op zee was vergaan. Ik merkte dat ik wanhopig wenste dat ik iets had gedaan om op zijn minst een paar levens te redden van de onschuldige mensen die waren omgekomen. Ik voelde me doodongelukkig en schuldig dat ik niet de kracht had gehad om te doen wat Moses had gedaan, toen hij de zee beval te kalmeren en een veilige doortocht voor zijn mensen creëerde.

Zodra de H.M. Saviour bij de havensteiger aanmeerde, kwam een van de vrijwilligers mijn kamer binnen en vroeg me om mijn bed af te halen. Het was tijd voor me om te gaan. Ze zuchtte diep en wenste me veel geluk. Ik was fit genoeg om op te staan en de stap te zetten naar de volgende fase van mijn trieste leven.

"Welkom in het Beloofde Land," kondigde een vrouw aan. De vrouw die ons verwelkomde was klein en dun. Ze maakte deel uit van een groep van drie nonnen die naast een kraampje op de kade stonden dat vol lag met essentiële producten. De nonnen keken enthousiast terwijl ze ons, de overlevenden, welkom heetten in een nieuwe wereld. Ze droegen zwarte jurken en hun haar was bedekt met zwarte sluiers, omlijnd met een dunne witte doek aan de voorkant. De sluiers bedekten hun gezichten niet: ze ontvingen ons met een warme glimlach.

Ik zat in een groep van negen mensen die ook aan boord van de Saviour waren geweest. Een van de vrijwilligers aan boord had me al verteld dat sommige mensen in mijn groep ook waren gered na ongelukken op zee. De nonnen boden ons schoon drinkwater in plastic flessen aan, samen met wat melk en brood, toen we langs hun liefdadigheidskraampje liepen nadat we aan wal waren gekomen. Ik was onder de indruk van de buitengewone vriendelijkheid van de nonnen en wenste dat de wereld meer van dit soort mensen had.

We werden door een team van vier mannen vergezeld naar een tunnel. De mannen zagen er fit uit in hun blauwe T-shirts en vervaagde blauwe spijkerbroeken, ik kreeg sterk de indruk dat ze een soort nationale wachters waren.

"Iedereen deze kant op," zei de meest gespierde van hen op sarcastische toon. De mannen in uniform leken ernstig en zeiden alleen iets wanneer ze ons instructies gaven. Met dit waterdichte escort, twee mannen vooraan en twee achter, brachten ze ons naar een controlecentrum dat in een gebouw dicht bij de haven zat.

Eindelijk kwamen we aan bij een enorm gebouw, met maar één verdieping, dat bestond uit oude bruine bakstenen van klei waardoor het eruitzag als een eeuwenoude gevangenis. Tot mijn verbazing ontdekte ik dat de binnenkant van het gebouw een stuk indrukwekkender was, met een strak ontworpen en modern interieur. Overal in de ruimte stond allerlei ingewikkelde apparatuur, zodat robots en computers in de buurt alles wat er gebeurde in het centrum in de gaten konden houden. Een alarmerende gedachte kwam in me op, dat er ooit een tijd zou kunnen komen waarin mensen alleen maar zouden stilzitten en koffiedrinken terwijl computers en andere machines het werk doen. Wat me tot dit idee bracht was het feit dat toen ik naar de wc moest en een bewaker vroeg om me de weg te wijzen, ik tot mijn verbazing werd doorverwezen naar een robot, die me succesvol naar het toilet bracht. De robot wachtte bij de deur tot ik klaar was en bracht me toen terug naar mijn zitplaats. Hij bedankte me en ging toen terug naar waar hij eerder op wacht had gestaan. De robot verbaasde me. Als dit echt de moderne samenleving was waar mensen het over hadden, dan had ik nog veel te leren.

In de grote hal moesten we uit elkaar gaan zitten. Ieder van ons werd een stoel aangeboden die op enige afstand van de andere was opgesteld, om te ontmoedigen dat we met elkaar gingen praten. Ik zat stilletjes op mijn stoel, geduldig wachtend op mijn interview. De bewakers die ons het gebouw binnen hadden gebracht, stonden op hun posten met de handen over de borst gevouwen. Ze straalden zelfvertrouwen uit. Het jaar waarin we waren aangekomen was het jaar waarin het Beloofde Land het hoogste nationale alarm had afgevaardigd vanwege de aanhoudende onrust in vele delen van de buurlanden. Daarom werden de nieuwkomers aan de kusten grondig onderzocht door een systeem dat de meeste burgers wel vertrouwden.

Na uren zitten en wachten werden er eindelijk instructies aangekondigd over de speaker die aan het glinsterende witte plafond was geïnstalleerd. Ik probeerde uit te vogelen waar de stemmen vandaan kwamen die over de speakers klonken.

"Hier heeft u een kopje koffie, meneer." Haar stem kwam uit de speakers die aan haar borst waren bevestigd en haar ogen fonkelden terwijl ze naar me keek. Ik zat stokstijf rechtop in mijn stoel en keek naar een robot van een halve meter hoog, die een dienblad droeg met een plastic bekertje koffie dat ze me vriendelijk aanreikte.

"Dankjewel, maar ik ben oké. Ik hoef geen koffie," zei ik.

De hoeveelheid robots in de grote hal van het controlecentrum was indrukwekkend, hoewel ik dacht dat het ook gevaarlijk was om bediend te worden door een machine. Ik had in een omgeving gewoond vol van natuur en was gewend om met menselijke wezens te werken, niet met machines. Ik was gewend om alles voor mezelf te doen en die zelfredzaamheid gaf me een gevoel van veiligheid. Toch was ik ook vaak teleurgesteld door mijn medemensen, zodat ik mezelf de vraag stelde waarom ik zo snel een robot afkeurde die me zo vriendelijk had geserveerd en me eerder de weg naar het toilet had gewezen. Het drinken van een kop koffie leek me toen niet het belangrijkste; ik maakte me meer zorgen over de geur die van me opsteeg. Ik had mezelf in de afgelopen drie dagen niet fatsoenlijk gewassen en het nemen van een warme douche en het eten van een fatsoenlijke maaltijd waren op dat moment mijn eerste prioriteit. Als de nonnen niet zo vriendelijk waren geweest toen we aankwamen en me niet een pak melk en twee sneeën brood hadden gegeven, had ik het waarschijnlijk niet volgehouden tot de middag. Er was geen eten in het controlecentrum. Later kwam ik erachter dat de melk die we van de nonnen hadden gekregen een product was dat aan veroordeelde gevangenen werd gegeven als ontbijt. Sommige gevangen lieten zelfs liever de melk staan en hadden de hele dag honger dan dat ze de melk dronken. Veel mensen geloofden namelijk dat de melk besmet was vanwege het fokprogramma van koeien dat in het Beloofde Land werd gebruikt. Maar ik was toen meer dan gelukkig dat ik de melk kon drinken en voor de eerste keer in mijn leven klokte ik een heel pak melk naar binnen zonder te delen.

"Eba Yoko!" Mijn naam werd omgeroepen over de speakers, in een zwaar accent waardoor de uitspraak vervormd was. Er verscheen een bewaker voor mijn neus die zei, "Gaat u mee deze kant uit, meneer." Ik rees op uit mijn stoel en liep achter de bewaker aan door drie verschillende gesloten deuren, die de bewaker opende met een elektronische pas. Ik had zo'n proces nog nooit meegemaakt en vroeg me af hoe een deur kon worden geopend door alleen maar te

zwaaien met een pasje.
De derde deur leidde naar een kamer waarin ik geïnterviewd ging worden. Het was gemeubileerd met een metalen bureau en twee stoelen van hetzelfde ontwerp. Op het bureau stond een computerscherm waarop een afbeelding van een glimlachend gezicht werd getoond, regelmatig afgewisseld met het woord 'welkom'. "Je mag gaan zitten," zei de bewaker, "ik zal bij je blijven tijdens het interview." Ik deed wat de bewaker zei, al voelden mijn ingewanden alsof ze in brand stonden. Mijn maag verwrong zich gewelddadig binnenin me, een symptoom van mijn zenuwen voor het aankomende interview.

"Hallo en welkom in mijn kantoor. Mijn naam is Marina Drieëndertig." Een vrouwelijke stem die uit de computer kwam, introduceerde zichzelf voordat ze verderging op een plechtige toon. "Ik zal een eed afleggen voordat we beginnen. Ik, Marina Drieëndertig, zweer plechtig in de naam van de Koning van het Beloofde Land en haar burgers, dat ik zal dienen voor het doel dat ik, Marina Drieëndertig, ben aangewezen om te vervullen. Ik zal dat doen met respect voor de wetten die dit land regeren. Lang leve de koning." Marina was een paar seconden lang stil. "Met dat in gedachten, meneer, ga ik een interview afnemen betreffende uw persoonlijke situatie, waarna ik uw achtergrond zal natrekken. Tijdens deze check zal ik uw details verwerken en een beslissing nemen. Mijn beslissing zal bepalen of u geschikt bent om binnen de muren van dit land te verblijven. Als uw achtergrondcheck geen waarde heeft volgens de wet, ben ik bang dat u uit het systeem en buiten de muren gezet zult worden." Mijn interactie met de computer was verbijsterend en ik kon maar moeilijk begrijpen hoe een interview kon worden afgenomen door een apparaat. Voordat ik tot rust kon komen begon ze me te ondervragen.

"Wat is uw naam, meneer?" "Eba Yoko," antwoordde ik met tegenzin en fronste naar de computer alsof ik te maken had met een mens die misschien mijn emotionele staat wel kon begrijpen. Ik was nu al boos op de overheid van het Beloofde Land, die me maar bleef vragen om mijn naam. Dit keer was ik voornamelijk geïrriteerd door Marina's vraag omdat zij degene was die eerder nog mijn naam over de speakers had geroepen in de grote hal.

"Vertel me wat er met je is gebeurd, meneer Eba Yoko," vroeg ze. Eindelijk gebruikte ze mijn naam. Ik barstte in tranen uit en kwam nauwelijks uit mijn woorden. Alle ellende van de afgelopen jaren spoelde als een vloedgolf over me heen. Ik wist dat een computer niet iemand kon troosten die radeloos was, of een zakdoekje kon aanreiken aan een slachtoffer om de tranen weg te vegen. Een computer kon dingen waarnemen en besluiten, maar het kon niet de diepste gevoelens van een mens begrijpen. Toch voelde het goed om mijn verhaal te doen.

"Het spijt me, meneer Yoko," zei Marina. Haar antwoord verraste me en ik ging ervan uit dat ze op de één of andere manier mijn zachte gesnik had opgemerkt, had verwerkt in haar systeem en had besloten dat ik emotioneel geworden was. "Ik begrijp dat u in een emotionele toestand bent, meneer Yoko," zei Marina, "Is er iets dat ik voor u kan doen?" "Nee, dank u," zei ik. "Django, breng meneer Yoko een glaasje water, alstublieft," beval Marina.

Een paar seconden later kwam er nog een robot de kamer

binnen met een glas koud water. De robot liep wat onhandig op me af. Ik nam het glas van het blad en dronk het haastig leeg. Ik bedankte Django voordat hij de kamer uitging en richtte me weer naar de computer, dit keer met wat compassie, terwijl ze daar zo alleen zat aan haar bureau. Ik maakte me nog steeds zorgen dat de wereld, ooit bestuurd en overmeesterd door mensen, zou overgaan in een wereld die werd overheerst en bestuurd door werkende machines.

Toen ik klaar was met mijn verhaal, vroeg Marina Drieendertig me de interview-ruimte te verlaten. Ze zei dat ik binnen een uur teruggeroepen zou worden om de uitkomst van het interview aan te horen. Ik ging Marina's kantoor uit, vergezeld door dezelfde bewaker die me daar gebracht had, en we gingen naar een andere kamer om te wachten.

"Eba Yoko, meldt u alstublieft bij Marina Drieëndertig," - klonk de stem uit de speakers. Ik werd weer door dezelfde bewaker naar Marina's bureau gebracht. Het woord 'beslissing' stond op het scherm afgebeeld. Ik rechtte mijn rug en spitste mijn oren aandachtig naar de computer, een machine die op het punt stond mijn lot te beslissen.

"Vanwege zekere bevindingen die tegen de wetten van dit land ingaan en na verscheidene zoektochten, heeft ons systeem besloten dat uw verhaal niet overtuigend is en dat u bewijs mist om het te ondersteunen. Daarom heeft het systeem afgekondigd dat u een ongewenste vreemdeling bent die de regels heeft overtreden die onze grenzen regeren. Als gevolg heeft u achtentwintig dagen om de grenzen van dit land te verlaten." Ze viel stil, net als ik, voordat ze doorging. "U heeft recht op een advocaat die u kan helpen om in hoger beroep te gaan tegen onze beslissing, ervan uitgaande dat u het zich kunt veroorloven om er een in te huren. Ik wens u veel geluk."

Dat was hoe ik uit het systeem werd geschopt: door de verklaring van een machine achter een bureau. Ik stond versteld van de beslissing omdat ik dat helemaal niet verwacht had. Ik had gedacht dat alles goed was gekomen omdat ik het Beloofde Land had bereikt. Ik wist zeker dat als Marina Drieëndertig een mens was geweest ze misschien empathie had gehad en mijn pijn en ongeluk had begrepen. Maar ze was geen mens en ze kon niet om het systeem heen.

Ik werd door twee wachters meegenomen die me naar een parkeerplaats brachten waar een gevangenisbus stond te wachten. Ze duwden me, mijn handen achter mijn rug geboeid, de bus in, die ze de 'vleeswagen' noemden. Ik voegde ik me bij twee andere mannen die ook al waren onderzocht en afgekeurd door het systeem. De bus moest ongewenste vreemdelingen vervoeren naar locaties die ze niet kenden met maximale bewaking. Toen we aankwamen bij de volgende halte werd de deur van de bus opengegooid en verscheen er een middelgrote, potige man die mijn boeien losmaakte. Zijn bouw deed me denken aan een afbeelding die ik ooit had gezien van een eeuwenoude elf. Hij droeg een vreemd soort armband van leer die bijna tot zijn elleboog kwam.

"Welkom in de Duin," zei hij. "Hier ben je vrij, maar je overlevingskansen hangen af van wat je kan. Het leven wordt steeds ruiger voor je, maat. Er zijn hier geen veilige havens meer voor mensen zoals jij." Daarna liet hij me gaan, duwde me de deur uit, die hij daarna achter mij sloot. De bus reed weg met de andere passagiers er nog in. Daar stond ik dan, alleen in de wildernis. Ik ademde een handvol rood stof in dat als een tornado werd opgeworpen door de enorme banden van de 'vleeswagen', terwijl die wegsnelde over de kiezels van de onverharde weg.

Ik vond mijn weg naar de Duin, een stad vol afgebrokkelde en verlaten gebouwen. Mensen uit het Beloofde Land konden de Duin in, maar de ongewenste vreemdelingen konden de Duin niet uit. Ik kwam langs een groep wanhopige zwerfhonden die op zoek waren naar iets te eten tussen de bergen afval in de straten. De honden vochten fel met elkaar om de overblijfselen van een hamburger.

Toen ik de straten van de Duin begon te verkennen, realiseerde ik me dat het leven hier oneerlijk verdeeld was. Overal zag ik prostitutie en het misbruiken van drugs en alcohol leek de dagelijkse norm voor de mensen die hier woonden. Ik zag mensen zoals ik, die het label 'ongewenste vreemdeling' droegen. Het brak mijn hart om die gelabelde, dakloze mensen te zien, die in afschuwelijke omstandigheden leefden, maar tegelijkertijd gaf het me hoop omdat ze, voor het moment, nog leefden. Ongewenste vreemdelingen en zelfs dakloze burgers konden buiten de muren gegooid worden, waar ze de keiharde kant van het leven zouden tegenkomen en sterven. Het was hartverscheurend om te zien dat menselijke wezens worden afgewezen door andere mensen. Grenzen werden opgezet en muren werden gebouwd, allemaal volgens de regels: de regels die de onderste laag van de bovenste korst scheidden.

De Duin was geschilderd in de kleuren van verlorenheid en teleurstelling. Ik was de stad ingesmeten zonder enig idee dat het mijn nieuwe thuis zou worden. Ik kende niemand hier, ik wist niet waar ik om hulp kon vragen en ik betwijfelde of ik in deze situatie in leven kon blijven. Maar ik wist dat ik mezelf lichamelijk en geestelijk intact moest houden om te kunnen overleven. Ik reikte met mijn handen naar de hemel en vroeg het universum om raad.

Een les om te leren

Later die dag volgde ik dezelfde route die ik daarvoor had gelopen. Omdat ik langs een rivier geboren was, had ik altijd al een speciale band met plaatsen waar een rivier doorheen liep of die dicht bij de zee lagen. Ik hield ook in mijn achterhoofd wat een wijs man me ooit verteld had: dat de vreemdeling die vraagt nooit zal verdwalen. Zodra ik aan deze woorden dacht volgde ik zijn raad wijselijk op en stelde een paar vragen aan een oudere burger, die het grootste gedeelte van zijn leven in de Duin had doorgebracht. Zo kreeg ik wat nuttige informatie over het gebied. Die nacht wist ik wat ik moest weten als een nieuweling. Nadat ik de oude inwoner gesproken had, liep ik richting het regenbooggedeelte van de Duin, waar ik een twaalfjarig jongetje ontmoette. Het jongetje stond op de hoek van de straat zijn lichaam te verkopen door genot aan te bieden aan diegenen die daarnaar op zoek waren in ruil voor geld. Ik stal wat van zijn tijd en kwam zo onder andere te weten waar ik elke dag een gratis warme maaltijd kon krijgen, hoe ik medische hulp kon vinden en waar de boulevard langs het strand lag. Die avond moest ik de nacht doorbrengen onder de trappen van een afgebrokkeld en verlaten huis, waarop de jongen me had gewezen en waarvan hij had gezegd dat ik daar kon slapen. Mijn maag rommelde en ik voelde me koortsig door de kou.

De ochtend erop besloot ik langs de kust te gaan wandelen. Die was niet moeilijk te vinden, ik volgde de route die de jongen had beschreven. Na een korte trip kwam ik aan bij de kust. Het tij was laag en de zon was nog aan het opkomen. Het gele licht van de zonsopgang reflecteerde op het zand, zodat het strand eruit zag alsof het van puur goud was. De Blauwe Pijl Boulevard was door de voorouders vernoemd naar de eer en glorie van hun overwinning op hun koloniale overheerser in de onafhankelijkheidsoorlog, zo'n honderdvijftig jaar geleden. In de tijd dat ik er was stond het gebouw van het militaire garnizoen er nog steeds. Ook vandaag nog is de boulevard een belangrijk verdedigingspunt van het Beloofde land, zelfs al is die verlaten omdat het in de Duin ligt. Voor veel mensen was de boulevard een plaats van rust en meditatie.

Terwijl ik over de boulevard liep zag ik een man liggen op een platte monumentale steen. De man zag eruit alsof hij een landgenoot kon zijn. Toen ik dichterbij kwam, zag ik dat hij inderdaad trekken had van een echte zoon van het Continent van de Leeuwen. Net als iedere andere slimme reiziger zou doen, stond ik stil bij hem en probeerde ik zijn aandacht te trekken. Ik wachtte op het juiste moment om een vraag te stellen, maar zijn aandacht was geheel in beslag genomen door de oneindigheid van de zee. Zijn ogen waren er strak op gericht en waren de hele tijd open. Ik probeerde een andere manier om zijn aandacht te trekken en ging dichter bij hem staan. Ik schraapte mijn keel en verwachtte dat hij op zou staan, maar zelfs mijn geschraap was niet genoeg om hem uit zijn trance te schudden, wat me irriteerde. Ik deed iets gedurfds en tikte hem op zijn schouder. Langzaam tilde hij zijn hoofd op, in een beweging als van een dinosaurus, en liet eindelijk zijn blik en aandacht op mij rusten. Zijn grote groene ogen werden steeds wijder. Nu maakte ik me een beetje zorgen, want ik wist op dat moment niet zeker wat hij zou gaan doen.

"Mijn naam is Eba," zei ik. Zonder erover na te denken was ik in ons lokale dialect begonnen. Ik wist niet waarom ik mezelf als eerste voorstelde, of waarom ik dat had gedaan in een lokaal Yougosobaans dialect. Hij zei dat zijn naam Yalla Banke was en gaf me een stevige handdruk waarbij hij hard in mijn vingers kneep en zijn brede palm vouwde zich om die van mij. "Welkom hier in de Duin," groette hij me.

Yalla was ietsje groter dan ik en krachtiger gebouwd. Wanneer ik naar hem keek, zag ik de bitterheid en rouw in zijn uitdrukking. Zijn ovaalvormige gezicht leek op dat van de smid uit mijn dorp, lang en veelbelovend. Yalla leek in de zestig, maar tijdens ons open gesprek waarin we meer details over onszelf vertelden, beweerde hij dat hij vijfentwintig was, wat me een vragende wenkbrauw deed optrekken.

"Je lijkt eerder zestig," mompelde ik twijfelend. "Ik ben vijfentwintig jaar oud," zei hij. "Dat zeg ik omdat dit mijn vijfentwintigste jaar buiten de muren is." Hij schraapte zijn keel en spuugde een klodder dik slijm op de grond. "Ik heb een paar keer geprobeerd om legaal door de muren te breken en binnen te komen, maar de computer blijft me afwijzen. Steeds weer die afwijzingen hebben me van binnen uitgehold en me met niets anders achtergelaten dan een verpest leven. Ik mag niet werken en ben dus jarenlang werkeloos geweest. Toen ik hier aankwam was ik net als jij een jonge man. Een jonge vent met een honger naar kennis. Maar het was alsof ze hier het monster waren dat mijn dromen kende en die koste wat kost wilden ruïneren. Dat is ze gelukt, door steeds maar weer mijn aanvragen af te wijzen.

Ze hebben mijn mensenrechten ontkend. Toegang tot het onderwijs krijg ik niet. Je zou het niet geloven, Eba," zei hij. "Officieel mag ik niet naar de dokter gaan, zelfs als ik ziek ben. Al die jaren heb ik nog nooit 's nachts een fatsoenlijk dak boven mijn hoofd gehad. Het is hier een dump. Daarom noemen mensen het de jungle." Hij verborg zijn gezicht achter zijn brede palmen, alsof hij zich schaamde, en veegde de tranen die in zijn ooghoeken opkwamen weg.

"Maar er is hier geen jungle," onderbrak ik hem. "Dit is een jungle," ging hij verder, "toen ik hier voor het eerst aankwam had ik dezelfde blik als jij: ik kon zien, maar ik was blind. Met stom optimisme wist ik te overleven, dag na dag, jaar na jaar, terwijl de tijd maar voorbijging. En kijk nu naar me. Kijk hoe zwak en moe ik ben. Ik ben geëindigd als een hopeloze luilak die door een verloren stad zwerft, zonder toekomst. Ik heb niks van waarde te bieden, niet aan mezelf en niet aan een ander. Ik zit hier maar op mijn stomme kont en kijk hoe de zon opkomt en ondergaat. Het is prachtig, maar tijdverspilling. Vijfentwintig jaar!" riep Yalla uit terwijl de tranen over zijn wangen liepen.

Terwijl Yalla zijn verhaal deed voelde ik mezelf samen met hem verdrinken in zijn emoties. Het was alsof we dezelfde schoenen droegen, al was het misschien in een andere maat en in een andere kleur.

Ik begon mezelf af te vragen hoe ik een leven hier kon opbouwen, hier op een plek waar een man als Yalla tot het uitschot was geworden. Wat als ik besloot om terug naar huis te keren zonder een deel van de Honderd Gouden Paarden, de schat waarvan ik had gezworen de helft aan waarde te betalen aan Karamokoh Dambay? Aan de andere kant had ik niet de benodigdheden om een vlot te bouwen waarmee ik de oceaan over kon roeien en mijn weg naar huis kon vinden. Nadat ik Yalla's dramatische verhaal had gehoord, dacht ik dat ik maar één keuze had en dat was om terug naar huis te gaan via de route die ik had gevolgd om naar het Beloofde Land te komen. Maar de zee was gevaarlijk. Ik was mijn leven al bijna verloren, was al bijna verdronken. Ik dacht aan alle hindernissen die ik waarschijnlijk tegen zou komen langs de weg als ik besloot terug te gaan. Ik vroeg me af of ik dapper genoeg was voor de reis door de dodelijke schorpioenen in de wildernis. Hoe zou ik mijn weg vinden in de open en verlaten woestijn, in mijn eentje in een omgeving waar ik geheel gedesoriënteerd zou zijn?

Zulke vragen maakten me bang op een cruciaal punt in mijn leven. Nadat ik buiten de muren van het Beloofde Land was gegooid, had ik niets meer om me aan vast te klampen. Ik had verwacht dat de beste tijden van mijn leven in het Beloofde Land zouden plaatsvinden. Het was algemeen bekend bij de mensen aan de andere kant van de zee dat het bereiken van het Beloofde Land de oplossing was voor al je problemen. Voor mij bleek dit niet het geval. Dat besef deed me pijn en ik wilde mensen van mijn continent waarschuwen dat ze de oversteek vooral niet moesten maken, maar ik wist niet eens hoe ik terug moest naar mijn geboortegrond.

Zodra de zon onderging nam ik mijn rugzak en zwaaide die over mijn schouder als een soort draagbare kast. Al mijn broodnodige spullen die ik op het schip had gekregen zaten erin, zoals kleren, toiletspullen, een scheermes en wat voedsel. Ik wierp een blik op Yalla en liet hem toen stokstijfstil op de steen zitten. Hij keek toe hoe de zon onderging. Ik moest rennen om op tijd een plekje in de rij voor het enige nachtverblijf te krijgen.

Ik had geluk dat ik Yalla had ontmoet. Als hij me niet naar het nachtverblijf verwezen had, had ik nog een nacht moeten slapen onder die trap van het vervallen huis, waar de hoerenjongen me naar toe had gebracht. Daar was ik aan alles blootgesteld, alleen en kwetsbaar. Yalla had me gewaarschuwd uit de buurt te blijven van agressieve logés, die altijd op zoek waren naar moeilijkheden, zeker met nieuwkomers.

Het verblijf was een enorm gebouw dat deels verbrand was, opgericht uit eenvoudige kleien bakstenen, waardoor het er van buiten uitzag als een oude oven. Het gebouw werd de Chocoladefabriek genoemd. De verlaten fabriek werd nu benut door een liefdadigheidsorganisatie die "Kwetsbaarheid voor Kracht" heette. Hun doel was om hulp te bieden aan de afgewezen en verloren zielen van het Beloofde Land. Hun kreet was trots bovenop het gebouw gezet en toen ik het las, "Gebroken levens opbouwen", vroeg ik me af of mijn nieuwe leven een gebroken leven was. Het was duidelijk dat er genoeg gebroken levens waren die ze konden helpen herbouwen. In de rij buiten zag ik drugsverslaafden, alcoholisten en ook mensen die hulp nodig hadden met andere problemen. Problemen zoals die van mij.

Die avond was de eerste keer dat ik in het nachtverblijf kwam. Delen van het originele interieur waren nog intact. Ik kon een aantal van de oude installaties, productiemachines en andere hardware zien, die allemaal verwrongen, bevlekt en verroest waren. De oude machines waren aan een metalen balk bevestigd die recht boven de plek waar ik met mijn hoofd lag aan het plafond hing. De machines leken levensgevaarlijk dichtbij voor degenen die eronder sliepen. Eenpersoons matrassen lagen in rijen op de grond van de hal, netjes opgesteld als op een militaire begraafplaats. Hoe eerder je in het verblijf was, des te groter de kans dat je een matras kreeg. De laatkomers moesten het doen met een bed van oud karton. Er waren niet genoeg dekens voor het aantal mensen in het asiel, waardoor er vaak geworsteld werd om er een te krijgen. Ik keek toe en nam alles in me op, Yalla's advies opvolgend om meer bij me te houden en minder te geven.

"Laten we een gebed opzeggen voordat we onze plaatsen nemen," sprak een oude vrouw, van wie ik later hoorde dat ze Willie heette en meestal de slaapwacht was. Twintig jaar van haar leven had ze zich ingezet als vrijwilliger in deze organisatie. Willie was een mens met passie, die alles gaf wat ze had om anderen gelukkig te maken. "Dat is mijn levensdoel," zei ze vaak. Behalve Willie waren er ook andere vrijwilligers die 's nachts over ons waakten. Ze waren er op verschillende avonden en hadden allemaal behoorlijk diverse karaktertrekken. Sommigen wilden oprecht mensen in nood helpen, anderen waren er alleen om hun macht uit te oefenen over de zwakken en armen.

Eén nacht werd een man die op krukken liep benaderd

door een gemene slaapwacht, die de meesten van ons niet mochten. De man liep op krukken omdat zijn been was afgezaagd door een lokale militie tijdens een gewelddadige periode in zijn land. De slaapwacht vroeg de kreupele man om het nachtasiel te verlaten omdat hij een scheet had gelaten, wat de wacht beschreef als ongeregeld wangedrag. De man op krukken weigerde het asiel te verlaten en de twee mannen begonnen het verbaal uit te vechten en wisselden scheldwoorden met elkaar uit. De volgende nacht kwam de gemene slaapwacht binnen, gevolgd door een enorme man die waarschijnlijk voor de buurtwacht werkte. De buurtwacht was de organisatie die voor de orde onder de ongewenste vreemdelingen in de Duin moest zorgen. Het was middernacht en we waren allemaal diep in slaap. Het was stil in het verblijf toen meneer Stein, de gemene slaapwacht die beweerde dat hij in zijn vroegere leven een militair politieagent was geweest, de kreupele man wakker maakte en hem vroeg naar buiten te gaan. Zo'n verzoek kon de man alleen maar weigeren. Dat deed hij ook, ondanks de aanwezigheid van de buurtwacht, wiens taak het waarschijnlijk was om geweld te gebruiken zodra de man op krukken zich zou verzetten.

"Pak hem beet en gooi hem eruit," beval meneer Stein. Zijn gezicht stond agressief en hij leek erop uit om een gevecht uit te lokken. Het verzet van de kreupele man werkte de situatie alleen maar verder in de hand en uiteindelijk moest hij knokken met de fysiek gezonde buurtwacht. De vechtpartij duurde niet lang. De buurtwacht pakte hem beet en smeet hem de deur uit als een lege zak. De worstelende man met één been landde buiten de deuren, snel gevolgd door zijn krukken die meneer Stein boven op hem gooide.

Na die gebeurtenis kon ik nachtenlang niet slapen omdat ik het voorval opnieuw en opnieuw in mijn hoofd afspeelde en probeerde te begrijpen waarom een invalide man eruit gegooid moest worden, de donkere en koude nacht in, voor niets anders dan het laten van een scheet. Ik hield mijn achterwerk strak gespannen, want ik kon het me niet veroorloven om dezelfde kant op te gaan als de kreupele man.

Een jaar nadat ik in het Beloofde Land was aangekomen lag ik nog steeds overhoop. Ik miste mijn vader meer dan ooit. Ik miste onze intieme gesprekken en de warmte van zijn stem. De angst om lastiggevallen te worden door bendes op straat, brak me op. Honger en de koude winter zorgden ervoor dat ik ziekelijk mager werd. Ik merkte dat ik steeds vaker hardop tegen mezelf praatte. Ik wilde niet eindigen zoals Yala, zonder een duidelijke toekomst. Maar in een vreemd land waar geen uitweg was, had ik geen andere keuze dan mijn hoofd omhoog te houden, mijn wonden te likken en verder te gaan.

Ik had uitgekeken naar wat vredige rust in het nachtverblijf na al die harde dagen, maar het bleek een plek te zijn geworden die me bang maakte. Meestal werd ik 's nachts wakker, kaarsrecht op mijn matras, om het plafond in de gaten te houden omdat ik doodsbang was dat één van die zware machines die boven me hingen in mijn slaap op me zou vallen. Willie, die blijkbaar zeventig jaar oud was, was de enige die me begripvol aankeek nadat ik wakker werd uit mijn nachtmerries. Ze begreep de problemen van verloren mensen, hun slapeloze nachten. Willie was zelf een verloren ziel. Ze vertelde me op een nacht hoe ze op de ruige straten had geslapen toen ze door haar eigen medemensen buiten de muren van het Beloofde Land was gegooid.

"Ik moet toegeven dat het wel mijn eigen schuld was", vertelde Willie. "Ik ben geboren en opgegroeid met alle kansen die een burger in het Beloofde Land heeft, maar ik heb ze verprutst door de verkeerde kant van de munt te kiezen." Ze beschreef hoe ze op haar zeventiende wegliep van haar ouderlijk huis en drugsverslaafde werd door de invloed van slechte vrienden. "Maar ondanks alle ellende heb ik alleen spijt van de dingen die ik nooit geprobeerd heb. Het leven gaat over ontdekken, veerkracht en pijn." Haar woorden inspireerden me, aangezien ik een jonge vent was die nog moest groeien en veel te leren had wat betreft het leven. Ik was bereid te leren door te luisteren naar mensen met ervaring, zoals Willie. "Waar je leven je ook brengt, Eba, je zal een grote toekomst hebben," verzekerde ze me op een stille avond.

In het verblijf ging het gerucht dat er een indrukwekkende groep donateurs was van wie het geld kwam die de organisatie die ons huisde ondersteunde. Het maakte me nieuwsgierig omdat ik die donateurs van de organisatie nog nooit gezien had. Nou wist ik niet zeker of het überhaupt uitmaakte, maar ik vroeg me af of de rijke mensen ooit een keer echt zouden komen en wat tijd met ons zouden doorbrengen. Ik vond dat zo'n bezoek ons zou helpen om ons een gevoel van verbondenheid en menselijkheid te geven. Maar in het Beloofde Land was het, vanwege de staat waarin ik nu was, het belangrijkst om iedere ochtend een snee brood met pindakaas bij het verblijf te krijgen. Dat hapje was belangrijk omdat het me voor de rest van de dag de knagende honger hielp af te weren. Voor het avondeten kon je aansluiten achteraan de lange rij voor de Heilige zusters liefdadigheid, een organisatie die een heleboel levens redde. Alle levens behalve die van de laatkomers.

In die dagen was mijn leven niet gemakkelijk. De eetmomenten waren anders verdeeld dan in de keuken van mijn grootmoeder toen ik nog klein was. Grootmoeders keuken kon ik majestueus binnenwandelen, zelfs al was het middernacht. Ik wist dat als ik zachtjes deed, ik me altijd kon bedienen van een bord vol rijst en bonen. Maar hier in het Beloofde Land leerde ik veel over het belang van op tijd zijn. "Exact is exact, tijd is tijd" zeker als het om liefdadigheid ging. Anders was het "te laat is te laat," en zou de deur gesloten zijn.

In mijn dorp hield de tijd gelijke tred met de seizoenen en daarom sliepen de mensen tot de zon opkwam. Onze voorouders hadden niet nagedacht over het idee van een vierentwintiguurseconomie en dus had ik dat idee niet geërfd, niet eens van mijn vaders generatie. Zelfs de manier waarop de mensen daar liepen was langzaam en ontspannen, alsof ze geen enkele zorg in de wereld hadden. In vergelijking liepen de mensen, aan de andere kant van de muur in de Beloofde Land, met zijn vierentwintiguurseconomie, alsof ze altijd haast hadden of bang waren dat ze te laat zouden komen.

Er was een schoenmaker in Looking Town die dan zou zeggen, "Als je reist met haast, kom je te laat aan." Toen ik jonger was, liet ik me door zijn woorden inspireren om taken zoals water halen uit de rivier zo langzaam mogelijk te doen, tot grote ergernis van mijn Tante Agnes. Toen ik later terugkeek op mijn gedrag, bedacht ik me dat de schoenmaker zelf door zijn traagheid een slechte kwaliteit en service leverde en daardoor in de problemen kwam aan het eind van het jaar. Uiteindelijk stonden de schuldeisers tot in de kleine uurtjes op zijn deur te bonzen. Mijn oom noemde hem dan ook een luie man en zei soms: "Voor de luie man is er geen eten."

Al was ik in zo'n omgeving opgevoed, in de Duin deed ik mijn uiterste best om altijd op tijd te komen zodat ik de keuken van de zusters binnengelaten zou worden. Als ik die dagelijkse warme hap zou missen zou dat verschrikkelijk zijn, want dat was de enige echte maaltijd van de dag en ik had geen geld om eten te halen bij een van de fastfoodtrucks van de Duin. In het nachtverblijf waren geen douches, alleen een enkel kapot toilet dat altijd bezet was wanneer ik nodig moest. Sommige mensen spoelden niet eens door, ook al stond er altijd een emmer water om dat te doen.

De akelige stem van meneer Stein maakte ons iedere ochtend om half zeven wakker terwijl de meesten van ons nog probeerden bij te komen van een slapeloze nacht. Hij jaagde ons dan op om wakker te worden en binnen een uur klaar te zijn om het gebouw te verlaten. Wat de andere slapers ervan vonden om zo vroeg, en zo ruig ook, wakker gemaakt te worden 's ochtends wist ik niet, maar voor mij voelde het als het uitzitten van een lange gevangenisstraf.

Wat me het meest irriteerde van zo vroeg wakker worden was dat ik daarna nog een lange dag moest zien te vullen. Ik kon niets anders dan door de straten van de Duin zwerven. Ik had geen werk en kon niets doen wat verandering zou kunnen brengen in mijn leven of in de maatschappij.

   De straten van de Duin leken op die van een ongeorganiseerde bazaar, verbrokkeld en onoverzichtelijk. Het overleven in de Duin was als het draaien aan het rad van fortuin, zeker als je extreem arm was. Mensen overleefden door puur geluk. Er waren dagen waarop ik niet eens een paar cent wist te verdienen om op zijn minst een glas drinken te kunnen kopen. Mensen moesten dag in dag uit moeilijke keuzes maken om hun dagelijkse brood te verdienen. Sommige ongewenste vreemdelingen kozen ervoor om voor de criminele bendes te gaan werken die binnen de muren actief waren. Ze raakten betrokken bij het smokkelen van harddrugs en andere middelen. Zulke acties hadden het leven verwoest van veel ongewenste vreemdelingen en vergeten burgers van het Beloofde Land. De meeste jonge mannen en vrouwen hadden niets anders te doen dan op straat rondhangen en hun lichaam te verkopen. De leiders van de kartels hadden een krachtig syndicaat en wisten wat ze moesten doen om de kwetsbare jongens en meisjes op straat te overtuigen. Degenen die de druk van het leven als drugshandelaar niet aankonden, werden de verslaafde slachtoffers. Hopeloosheid en het gebrek aan oplossingen hadden velen in een afzichtelijke staat op de straten achtergelaten, waardoor misdaad en geweld verder toenamen en de spanning tussen de politie en de afgewezen gemeenschap nog groter werd. Het was als een burgeroorlog die iedere ochtend dode lichamen achterliet op de hoeken van de straten.

Wanneer ik door de straten liep, draaide ik me de hele tijd om en keek over mijn schouder. Mijn lichaam was dan bevangen door angst en ik was als de dood dat de mannen in blauw me op een dag op zouden pakken en me terug de zee in zouden smijten waar ik bijna mijn leven was verloren. Ik was altijd nerveus, wat het alleen maar duidelijker maakte dat ik hier in de Duin geen leven kon opbouwen.

De zon begon naar een helder oranje te verkleuren terwijl hij langzaam achter de horizon in het zeeoppervlak zakte. Voor november was het een prachtige dag, zeker in een land waar ook sneeuw valt. Nadat het mooie zonnige weer me verleid had, besloot ik over de Blauwe Pijl Boulevard langs het strand te wandelen, ervan uitgaand dat ik daar mijn vriend Yalla zou vinden.

De eenrichtingsweg naar de boulevard was druk met automobilisten en voetgangers uit de arbeidersklasse die binnen de muren woonden. Eenmaal bij de kust aangekomen stond daar een grote menigte mensen, goedgekleed en rond paraderend naast hun dure auto's. De meesten van hen speelden luide muziek met hun geluidsinstallaties. Ik vond het niet zo'n probleem dat de mensen van binnen de muren soms wat leven brachten naar de Duin, al leken de meeste dingen die ze deden expres opgezet om te pochen met het leven dat ze binnen de muren hadden. De manier waarop ze eruitzagen en zich gedroegen, was een doorn in het oog van vele burgers in de Duin. Vooral de burgers die ooit kansen vanaf hun geboorte hadden gekregen, maar die in de loop van hun leven hadden verspeeld, wilden niet geconfronteerd worden met de burgers binnen de muren.

Terwijl ik langs de boulevard slenterde, zag ik dat er een

groep begon te ontstaan van mensen uit het hele land die elk jaar bij elkaar kwamen om de bevrijding en de onafhankelijkheid te vieren. Ik had gehoord dat de Blauwe Pijl Boulevard een strategisch punt was, waar de toenmalige admiraal Simon Speers van de Blauwe Garde van het Beloofde Land en zijn mannen de laatste strijd hadden geleverd op zee tijdens het slotgevecht om de onafhankelijkheid. Ooit was de Duin een strategisch bolwerk geweest, maar daarna was het een geïsoleerd monument geworden, verlaten en in de handen van de criminelen achtergelaten, al hoorde het nog wel bij het koninkrijk.

Ik durfde niet in de buurt van de jubelende menigte te lopen, omdat ik me minderwaardig voelde als man die tot dakloze vagebond was teruggebracht, met een nummer in plaats van een naam. Zelfs al was ik op de drempel van de armoede geboren en opgegroeid in een gewelddadige streek, ik was erachter gekomen dat je je alleen thuis kunt voelen wanneer je je gezien voelt. In de Duin vroeg ik me soms af of ik daadwerkelijk een ongewenste vreemdeling was, een titel die ik voor het eerst zag op een computerscherm.

Na een lange wandeling vond ik Yalla op zijn gebruikelijke plek. Hij was een joint groene wiet aan het roken. "Zie je het kruid dat ik nu aan het roken ben, Eba?" vroeg hij, "Het komt van een plant van wijsheid waarvan veel mensen geloven dat het ziektes kan genezen. Het schenkt je ook vrede als je het rookt." Yalla verbrandde bijna zijn lippen terwijl hij de joint tot op het puntje oprookte. "Dat laatste beetje rook geeft het meeste genot," zei hij met een grijns. "Misschien, als je van roken houdt," antwoordde ik beleefd.

Yalla zag er ruiger en brutaler uit dan gewoonlijk toen hij klaar was met roken. De manier waarop hij sprak liet hem klinken als een wijze oude man. Hij lachte terwijl hij de overblijfselen van de joint in het zand gooide, zijn voet erop stampte om hem uit te maken en toen naar de zee wees. "Zie je dat de zon nu ondergaat? Het brengt me hoop. Die zonsondergang waar je naar kijkt is de enige waarheid waar ik zeker van ben. Voorbij alle twijfel geloof ik dat de zon morgenochtend op zal komen, zelfs als hij niet schijnt." Hij hield op met praten, keek me recht in de ogen en ging verder, "Ik heb mijn hart voorheen aan heel veel mensen gegeven, Eba, maar de uitkomst was elke keer weer teleurstellend."

"Hoe bedoel je?" vroeg ik nieuwsgierig. "Ik heb duizend keer iemand vertrouwd en duizend keer is mijn hart gebroken achtergelaten." Zijn schouders hingen omlaag. "Daarom heb ik al mijn vertrouwen aan de zon gegeven waar we nu naar kijken en daarom geloof ik dat hij morgen sowieso weer op zal komen." Zijn hoofd hing op zijn borst, het teken dat iemand is verslagen.

Het idee van vertrouwen was voor mij nog steeds ingewikkeld. Ik vroeg me af of ik op zou houden mensen te vertrouwen wanneer ik hulp nodig had, zeker in een land waar ik weinig kon doen om mezelf te helpen en waar ik weinig mensen kende. Nadat ik er even over nadacht kwam ik tot de conclusie dat Yalla's filosofische uitspraak over vertrouwen een persoonlijke achtergrond moest hebben.

Yalla draaide zich naar me om en zei, "Eba, ik wil je graag voorstellen aan een vriend van me die als burger binnen de muren woont en daar goede connecties heeft met de overheid. Je bent een jonge en gezonde man, wat je een kans geeft om hier een leven voor jezelf te maken, ook al ben je tot ongewenste vreemdeling verklaard."

Yalla's voorstel klonk veelbelovend. Ergens diep van binnen wist ik niet zeker of ik het plan om me voor te stellen aan een vriend, iemand die ik niet kende, durfde te vertrouwen na alles wat er in Samirs huis en op andere plekken was gebeurd. De schade daarvan was een rotting geworden die ik nauwelijks kon herstellen. Aan de andere kant leek het me stom om de voeten van een nieuwe vriend in smerige schoenen te steken. Hoe kon ik Yalla's vriend beoordelen als ik hem niet eens wilde ontmoeten?

Ik rolde de kwestie een paar keer door mijn hoofd en besloot toen dat Yalla's vriend misschien wel een goed iemand kon zijn. "Ik zou je vriend graag willen ontmoeten," zei ik met een dun, twijfelend stemmetje. "Je weet nooit wat de regen je brengt, Eba. Normaal neem ik geen nieuwe mensen mee om mijn vrienden te leren kennen. Zoals je weet zoeken veel mensen zoals jij naar iemand die ze uit deze put kan trekken, waar we allemaal in zijn beland." Ik bedankte hem respectvol voor zijn vriendelijkheid. "Geen probleem," zei Yalla. "Vanaf het moment dat je op me afliep wist ik dat er een heilige band tussen ons bestaat." Zijn laatste woorden overtuigden me ervan dat Yalla een goed iemand was. Het waren gevoelens die iemand nog nooit tegen me had uitgesproken.

De volgende ochtend om negen uur hadden Yalla en ik afgesproken om elkaar te ontmoeten bij een park in de buurt van de nachtopvang. Het regende terwijl ik op hem stond te wachten. Zoals altijd waren we voor zevenen de oude chocoladefabriek uitgezet en het was een hard begin van de dag omdat we nergens anders konden schuilen. Na een paar minuten in de miezerbui waren mijn kleren zeiknat. Mijn maag begon te rammelen van de honger en mijn lichaam rilde in de koude lucht. Ik begon te hoesten en te sputteren, wat me ook nog eens misselijk maakte. Het was onwerkelijk dat ik na zoveel nietszeggende maanden een doel had voor deze dag. Ik ging zowaar op bezoek. Uiteindelijk kwam Yalla vanuit een andere richting dan ik had verwacht. Hij was geen lid van het nachtverblijf en naar mijn weten sliep hij daar nooit, wat me nieuwsgierig maakte naar waar hij dan wel sliep. Van wat ik van het Duinleven had meegekregen, was "Kwetsbaarheid voor Kracht" de enige plek waar een ongewenste vreemdeling veilig de nacht kon doorbrengen. Ik herinnerde mezelf eraan dat Yalla al vijfentwintig jaar lang in de Duin woonde en waarschijnlijk geen behoefte had aan mijn zorgen.

Yalla zag er uitgelaten en goedgemutst uit toen hij verscheen en groette me met een warme handdruk. Ik besloot dat hij de nacht onder een dikkere deken had doorgebracht dan ik. "Weet je, Eba, het regent maar de zon schijnt ondertussen toch." Hij sprak opgetogen, alsof hij me mee probeerde te krijgen in zijn filosofie over de zonsondergang waar hij me de vorige avond over had verteld. "Ja hoor," stemde ik in om de goede sfeer tussen ons te behouden. "Dat klinkt hoopvol. Laten we gaan," spoorde hij aan terwijl we richting de oostkant van de stad liepen.

Na de drieëndertig treden die naar het kantoor van Yalla's vriend leidden werd ik zenuwachtig en begon ik nog eens te overwegen of mijn besluit om hierheen te gaan met Yalla wel zo wijs was geweest. Toen we de voordeur bereikten, ging ik achter Yalla staan, die een paar keer de bel indrukte. De deur werd eindelijk geopend door een man met een bezweet, kaal hoofd. De man was net iets groter dan anderhalve meter, maar zijn lichaam was fysiek erg gespierd en zijn brede gezicht vertoonde een sprankje humor. Mijn eerste indruk van hem was dat hij er niet gevaarlijk uitzag.

"Yalla, mijn makker! Waarom sta je hier zo vroeg in de ochtend op mijn deur te kloppen?" Hij omhelsde Yalla en lachte luid. Ik kon aan zijn ogen zien dat de mannen een goede band hadden en hun begroeting in mijn bijzijn bracht een glimlach terug op mijn gezicht.

Nadat hij klaar was met het knuffelen van Yalla gaf ik hem een vriendelijke handdruk en een brede glimlach. "Welkom, kom binnen," zei hij uitnodigend terwijl hij ons door een donker gangetje naar zijn kantoor bracht. "En jij, wat is jouw naam?" vroeg hij aan mij. "Mijn naam is Eba," antwoordde ik met een wat verlegen uitdrukking. "Heeft een sterke klank, jouw naam," zei hij vriendelijk voordat hij zichzelf voorstelde. "Mijn naam is Moelener, Sam Moelener, maar voel je vrij om me Sam te noemen als je dat liever hebt."

Terwijl Sam en ik ons aan elkaar voorstelden, was Yalla al op één van de groene kunststof krukken in de kantine naast het kantoor gaan zitten en was hij bezig iets te verorberen wat leek op een overgebleven boterham met kaas. Hij zag er ontspannen uit in Sam Moeleners kantoor. Voor mij was het een beetje vreemd omdat ik daar een nieuweling was. Het was ook de eerste keer dat ik in iemands privékantoor stond sinds ik in de Duin was.

"Koffie of thee?" vroeg Sam aan me en hij haalde wat kopjes uit een keukenkastje tevoorschijn. "Thee, alstublieft," antwoordde ik. Yalla vroeg om een zwarte koffie. "Thee is voor dames, Eba" zei Sam zogenaamd verontwaardigd. "Ik drink ook wel allerlei soorten koffie," beaamde ik, "maar ik heb liever koffie die in mijn land is verbouwd." Het ritme en de betekenis van mijn woorden toonden mijn nationale trots.

Sam gaf me een knipoog en zei, "Dat is goed voor je dat je dat zegt, Eba. Iedereen is trots op de producten uit eigen land. Hier in het Beloofde Land zijn we er trots op dat we de beste wijn maken van de hele wereld." Ik moest denken aan mijn oom die vroeger beweerde dat de beste koffie van de wereld uit ons land kwam. In mijn tijd in de Duin zag ik dat nergens de lokale koffie van mijn land verkocht werd en de enige keer dat ik mensen over ons land hoorde praten, hadden ze het over de oorlog en het dictatoriaal regime dat aan de macht was.

"Eba, wat bracht je hier eigenlijk naar het Beloofde Land, als ik zo vrij mag zijn?" Sam bestudeerde me terwijl hij zijn vraag stelde maar ging door met praten voor ik een antwoord kon geven. "Ambitie om te mijnen, problemen, of is het voor een betere toekomst?" "Het is een lang verhaal, meneer. Ik praat er niet graag over." Ik noemde Sam een 'meneer' omdat hij even oud leek als mijn vader. "Hier heb je het recht om te beslissen wat je wel of niet vertelt, Eba. Dit is een vrij land." Ik merkte een sarcastische ondertoon in zijn opmerking.

Ik leerde van Yalla dat Sam Moelener, die de volgende maand zevenenvijftig jaar zou worden, een lokale politicus was die een klein kiesdistrict vertegenwoordigde in het Beloofde Land. Met de steun van de lokale raad had hij een goed doel opgezet met de naam "Ruim het op" dat zijn missie uitsprak in de slogan "Verzorg en genees de mensen in het Duindistrict." Tijdens ons gesprek vertelde Sam hoe hij zijn organisatie was begonnen met een campagne om bedelen op straat tegen te gaan in het Duingebied.

Hij beweerde dat de campagne een enorm succes was geworden omdat bedelen op straat vanaf toen bij wet verboden werd. Hij had ook programma's georganiseerd om de benodigde bedragen bijeen te schrapen om de mensen in nood te steunen, zolang het maar via zijn organisatie ging. Volgens mij was het Sams doel om alle bedelaars onder één koepel te krijgen, zoals een bedelaarsunie. Volgens Sam was dat nodig om de straten schoon te houden en hij zei, "Ik koos ervoor om naar de Duin te gaan en hier mijn eigen kantoor op te zetten zodat ik de ongewenste vreemdelingen die dringend hulp nodig hadden persoonlijk kon spreken."

Sams organisatie was niet de enige die in de Duin werkzaam was. Er waren ook andere organisaties met hetzelfde doel als die van hem. Ze waren er allemaal om te helpen, maar er speelde een soort geheime rivaliteit tussen de leden van de verschillende organisaties. De rivaliteit verbijsterde me toen ik erover hoorde en ik kon er met mijn hoofd niet bij waarom mensen met dezelfde missie met elkaar zouden willen vechten, zeker als het niet om winst ging. De wereld die gezworen had om voor de armen op te komen en hen te helpen was, in mijn ogen, een wereld geworden vol twijfel en met een hoop modder verstopt onder tapijten.

We bleven de hele dag een beetje hangen en besloten

de avond met een goede warme maaltijd. Na onze koffie, terwijl we ons klaarmaakten om te vertrekken, zei Sam tegen mij, "Eba, je mag hier altijd komen en vragen om wat je maar nodig hebt." "Dankjewel, Sam," antwoordde ik en schudde nogmaals zijn hand. "Ik moet nu weg naar de nachtopvang." Yalla en ik verlieten samen het gebouw.

Niemand kwam op de bel van het nachtverblijf af, zelfs niet nadat ik meerdere keren gedrukt had. Het was kwart over tien 's avonds, midden in de ijskoude winter. Gedurende de avond was het gaan sneeuwen. De straten waren al bedekt met dikke bergen witte sneeuw en er vielen nog steeds zware sneeuwvlokken uit de lucht.

Ik was laat en het enige nachtverblijf in de Duin was dicht. Ik zat gevangen tussen de regels. De deuren van het nachtverblijf waren alleen tussen negen en tien uur 's avonds open en alleen voor geregistreerde slapers. Ik kon mijn tranen niet inhouden toen ik begreep dat ze me niet binnen zouden laten en de tranen die doorbraken ruimden de weg voor een gebroken hart. Ik was doodsbang voor het vooruitzicht om buiten te moeten slapen in zo'n koude nacht. Het was een manier van lijden waarvan ik vond dat ik die niet verdiende, maar waar ik niks aan kon doen. Ik besloot dat het wel meneer Stein moest zijn, de oude militaire veteraan, die die nacht de leiding had over het verblijf, want als het Willie was geweest wist ik zeker dat ze de deuren wagenwijd had geopend om me binnen te laten.

Ik probeerde te bedenken waar ik heen kon om te schuilen die nacht. Ik wist dat het mijn eigen schuld was. Ik had meteen naar het verblijf moeten gaan nadat ik bij Sams kantoor was weggegaan, maar in plaats daarvan was ik gestopt bij een live muziekconcert waar Sam en Yalla het eerder die middag over hadden gehad. De band trad in de avonden op het plein op met een benefietconcert om geld in te zamelen waarmee de ongewenste vreemdelingen werden geholpen. Ik dacht eraan om terug naar Sams kantoor te gaan voor het geval hij er nog was, maar ik herinnerde me dat hij Yalla had verteld dat hij die avond naar een voetbalwedstrijd ging kijken. Ik had geen idee waar ik een veilig onderdak kon vinden. Ik probeerde te verzinnen waar Yalla op dat moment misschien kon zijn. Het was te koud en te laat voor hem om nog op de boulevard te staan. Buitengesloten daar in de kou voelde ik me een idioot dat ik Yalla nooit had gevraagd waar hij sliep. Ik liep weg om een plekje te zoeken om de nacht door te brengen. Na een paar stappen draaide ik me om en keek naar de voetafdrukken die ik achterliet, duidelijk in de sneeuw gestampt. Ik besloot het lange stuk te lopen naar een verlaten treinstation dat ik ooit had gevonden toen ik de Duin aan het verkennen was. Het oude station bestond uit een plat gebouw, beveiligd met grote houten deuren aan de voorkant en met een paar smalle glazen ramen aan de zijkanten. Ondanks de gevaren 's nachts op straat vond ik mijn weg naar het oude station. Toen ik daar aankwam zag ik dat de plaats bezet werd door krakers. Een deel van hen lag op dunne matrasjes en de anderen lagen op gevouwen kartonnen dozen. Ik ging dieper het gebouw in en vond een gezin van vier dat dicht tegen elkaar aan was gekropen. Moeder, vader en twee kinderen waren allemaal diep in slaap en snurkten als uitgeputte werklieden. Ik had niet gedacht dat ik de enige kraker in het station zou zijn die nacht, maar ik had zeker niet verwacht dat het zo druk zou zijn. Deze ontdekking deed me aarzelen of mijn beslissing om hierheen te gaan de goede keuze was en liet me ook inzien dat er vele anderen waren die net zo wanhopig op zoek waren naar een dak boven hun hoofd als ik.

Het was griezelig stil in de donkere hallen van het station, een stilte die me deed denken aan de stilte van een begraafplaats. Er waren geen extra dekens of lakens beschikbaar en dus legde ik, iedere ademteug heftiger bibberend, mijn lichaam op de kale vloer en liet mijn hoofd op mijn rugzak rusten. Een man die naast me lag gooide een deken mijn kant op en fluisterde, "Neem deze." Ik zag hem toen als een goede Samaritaan. Ik keek naar hem, maar kon zijn gezicht niet goed uitmaken in de duisternis van het gebouw. Ik probeerde het mezelf zo gemakkelijk mogelijk te maken op de harde vloer en zakte weg in een diepe slaap.

De volgende ochtend was het ijskoud. Ik liep weer door de straten en zocht op ons gebruikelijke ontmoetingspunt naar Yalla. Vreemd genoeg was Yalla na een uur wachten nog niet verschenen. Ik bleef nog een uur maar hij was er nog steeds niet, dus besloot ik richting Sam te gaan om te kijken of hij wist waar hij was. Ik vond Yalla op Sams kantoor. Hij deed zich tegoed aan een grote tosti en een kop koffie. Hij zag er ontspannen en comfortabel uit op de houten eetkamerstoel. "Wil je er eentje?" vroeg hij haastig en hij hield de overblijfselen van zijn tosti omhoog. "Ja graag," antwoordde ik zonder twijfel.

Zodra Yalla zijn tosti ophad, ging hij naar de keuken en maakte er voor mij net zo eentje als de zijne. Sam was in zijn kantoor druk bezig met andere bezoekers. Yalla en ik werden als speciale gasten behandeld in Sams kantoor. De gratie werd ook aan mij verstrekt omdat Sam veel respect had voor Yalla. De bijzondere manier waarop Sam ons behandelde in vergelijking met de andere gasten maakte me soms nieuwsgierig naar de verhouding tussen Sam en Yalla. Ze leken erg close.

"Alsjeblieft," zei Yalla toen hij een tosti voor me neerzette.

Door de vriendelijkheid en service voelde ik me een man die veel geluk had. Ik prees mezelf gelukkig dat ik hem ontmoet had in zo'n riool als de Duin. Op zijn minst had ik het gevoel dat ik veilig en geborgen was gedurende de dag dat ik in Sams kantoor zat. Die ochtend voegde ik Sam Moelener toe aan de lijst van mensen voor wie ik dankbaar was.

"Eet goed en trek warme kleren aan voordat de kou je opslokt," waarschuwde Yalla me. Ik deed alsof ik niet hoorde wat hij zei en bleef mijn tosti eten, maar ondanks mijn gemene houding negeerde hij me niet en vertelde me zijn levensverhaal. "Toen ik hier in het Beloofde Land aankwam was ik net zoals jij, Eba. Ik had geen vrienden, geen plek om te blijven, geen hoop. Ik moest helemaal opnieuw beginnen: een nieuwe dag, een nieuw leven." Hij pauzeerde even en nam een slokje koffie. "Toen ik door de computer was afgewezen dankzij het systeem van het Beloofde Land, werd de wereld een stuk kleiner voor me. Na een paar jaar ontmoette ik Sam en hij had medelijden met me toen hij naar mijn verhaal luisterde. Hij vond werk voor me ondergronds bij het varkensslachthuis in de Duin, wat de enige plek was waar een ongewenste vreemdeling kon werken. Mensen zeiden dat ik een van de gelukkigen was. Ik werkte keihard, tien uur per dag, zeven dagen in de week, maar ontving een salaris van maar een derde van het minimumloon dat de gewone burger van het Beloofde Land krijgt. Ik wist dat het oneerlijk was, maar ik moest het wel accepteren. Ik moest de kost verdienen."

"Het leven is oneerlijk," mompelde ik terwijl ik mijn tong door mijn mond rolde om de overgebleven stukjes plakkerige kaas weg te vegen die aan mijn verstandskiezen waren blijven plakken. "Ja, het leven is inderdaad oneerlijk," knikte Yalla met zijn hoofd en vervolgde zijn verhaal over zijn ongelukkige leven buiten de muren. Hij trilde bij het spreken. "Ik heb met die scherpe messen honderden varkens geslacht in het slachthuis. Ik keek toe hoe de varkenshoofden rolden in enorme aantallen en soms werd ik emotioneel tijdens het werk. De ene soort die de levens neemt van de andere soorten om te kunnen overleven. Het leven is zeker oneerlijk, Eba." Ik zag een traan verschijnen bij het vertellen over zijn levenservaring in het Beloofde Land.

"Mensen komen hier op verschillende manieren en om verschillende redenen," zei Yalla, "Ik verliet mijn geboorteplaats, een warme en prachtige plek, op zoek naar een schat waarvan ze zeiden dat die lang geleden gestolen was door mannen met zwaarden en naar en plek gebracht was die ze het Beloofde Land noemen. Mijn verwachtingen lagen hoger dan de hemel en verleidden me om op avontuur te gaan, zelfs al had ik daar het vermogen niet voor. Als toen nog jongeman deed ik wat ik moest doen. Ik doorstond alle moeilijkheden tijdens mijn reis om hiernaartoe te komen, in de hoop dat ik zomaar delen van de gestolen schat kon vinden en die mee naar huis kon nemen om met mijn familie ervan te genieten." Hij draaide zijn gezicht naar de muur, wat me de indruk gaf dat hij zich ergens schuldig om voelde. Na een paar seconden draaide hij zich naar me terug en ging verder.

"Maar Eba," zei hij en hij keek me recht in de ogen aan, "Ik begrijp dat jij op zoek bent naar de Honderd Gouden Paarden. Misschien is er ergens een schat in het Beloofde Land, maar ik geloof dat je die niet kan zien. Je zult hem nooit kunnen zien. Het verhaal van de gestolen schat is een sprookje. Misschien is het waar dat de schat in de Gouden eeuw gestolen was, maar ik geloof dat hij is omgesmolten en gebruikt om de infrastructuur van het Beloofde Land te bouwen. De stad binnen de muren is prachtig wanneer je ernaar kijkt, toch? Het ziet eruit als diamant, goud en zilver, toch?" Hij was duidelijk van slag toen hij me die vragen stelde en keek me recht aan terwijl hij zijn advies bleef geven.

"Eba, zorg ervoor dat je leven betekenis heeft. We hebben allemaal dromen in dit leven, maar probeer uit te zoeken wat de realiteit in je dromen is. Verzeker jezelf ervan dat je je dromen niet in steen houwt, maar zorg ervoor dat je je dromen op een stukje papier schrijft zodat je ze altijd kunt herschrijven wanneer het leven je forceert een andere richting uit te gaan. Laat me je iets anders vertellen, Eba. Ik ben dit leven zat. Als ik hier op de straten van het Beloofde Land omkom, zeg dan tegen iedereen dat het niet aan mij lag, maar dat het gebeurde vanwege het systeem."

Yalla's verhaal en het advies dat hij gaf ontroerden me. Ik schaamde me ervoor dat ik een mens was. Schaamde me voor de pijnlijke manier waarop mensen iemand van hun eigen soort hadden behandeld. Ik wilde een miljoen mensen tevoorschijn toveren die een positieve verandering konden brengen in de levens van mensen zoals Yalla en misschien ook vele anderen. Het was een emotionele dag voor Yalla en mij. Een dag die we hadden besloten door te brengen in Sams kantoor.

De dag nadat Yalla zijn frustraties uitgesproken had, liep ik het nachtverblijf uit. De grond was helemaal wit en het sneeuwde zo hard dat ik nauwelijks vooruit kon komen door de dikke lagen sneeuw op straat. Mijn jas was niet dik genoeg om het smeltende ijs tegen te houden en het water sijpelde langzaam mijn kleren in tot het me op de huid toe doorweekte. Mijn vingers waren bevroren toen ik in de buurt kwam van de deur van Sams kantoor. Het was bijna onmogelijk om de deurbel in te drukken omdat mijn vingers zo stijf waren dat ik ze amper kon bewegen.

Ik hoorde iemand mijn naam roepen vanaf de straat en toen ik me omdraaide om te zien wie het was, zag ik dat Sam op me afholde. Hij keek gestrest en zodra hij dichterbij kwam zag ik dat zijn gezicht rood was.

"Is Yalla er al?" vroeg ik Sam terwijl hij de deur voor ons opendeed. Hij schudde zijn hoofd en staarde me aan. "Goede dingen duren niet eeuwig, Eba, net zoals goede mensen in deze wereld geboren worden, hun ding doen en dan weer vertrekken." Hij liet zijn hoofd neerzakken en keek naar de grond. "Wat betekent dat, Sam?" "Jouw vriend, onze vriend, Yalla, is vanochtend in een verlaten gebouw gevonden. Hij bungelde naakt aan een touw dat om zijn nek was geknoopt. Dood. Iemand van het comité binnenlandse zaken van het Beloofde Land kwam naar me toe. Het spijt me, Eba." Hij keek niet op van de grond en sprak met droevige, lage stem.

Er liep een koude rilling over mijn lichaam terwijl ik het nieuws van Sam verteerde. Yalla mocht dan geen bloedverwant zijn, hij was nog steeds iemand met wie ik verbonden was en in wie ik geloofde. Een man van wie ik niet alleen veel geleerd had, maar in wie ik ook zoveel vertrouwen had. Zijn woorden hadden me geholpen mijn ogen te openen en de realiteit van de situatie waar ik mezelf in bevond te zien. Voor mij was Yalla een symbool van hoop en moed, een man die eerlijk genoeg was om zijn fouten met anderen te delen zodat zij niet in dezelfde vallen zouden trappen. Zijn wijsheid en ervaring waren de enige hoop geweest die ik had om mijn weg terug naar huis te vinden.

Het nieuws van Yalla's dood liet me in tranen achter. De pijn begon op te komen over het verliezen van een vriend die zo veel om mijn welzijn had gegeven. Voor het eerst in mijn volwassen leven huilde ik in het openbaar, om Yalla's dood. Ik vroeg me af of ik dezelfde pijn zou meemaken die hij had moeten doorstaan. Yalla's einde was als een roestige dolk, vol teleurstelling, die diep in het hart van zijn dromen stak en zich daar manifesteerde als een giftige tetanus die langzaam naar zijn hersenen verspreidde en hem dwong zijn eigen leven te nemen.

Nadat ik een beetje was hersteld van de eerste schok van het droevige nieuws tikte Sam me op mijn schouder en vroeg om met hem een kopje koffie te drinken.

In zijn kantoor vertelde hij meer over hoe Yalla's lichaam gecremeerd zou worden. Hij zei dat Yalla geen vergunning of verzekering had om zijn lichaam terug te laten brengen naar zijn thuisland of om een fatsoenlijk graf te krijgen in de Duin. Dit maakte me erg verdrietig omdat Yalla me ooit had verteld dat hij, zodra hij zou sterven, begraven wilde worden in een graf. Maar zelfs als er een manier was om zijn lichaam terug naar zijn thuis te brengen, zou het onmogelijk zijn omdat we geen informatie hadden om zijn familie mee te vinden.

Terwijl we onze koffie dronken zei Sam tegen me, "Yalla was ook een goede vriend van mij. Ik vind het heel erg dat zijn lichaam vanmiddag verbrand zal worden in het crematorium." Ik begon na te denken over de implicaties van Yalla's verhaal voor mijn eigen toekomst en vroeg me af wat ze met mijn lichaam zouden doen als ik hier als ongewenste vreemdeling zou overlijden. De traditie van Yalla's geboorteplaats waren bijna hetzelfde als die van mij omdat we uit dezelfde streek kwamen. In onze traditie is het verboden om iemands lichaam te cremeren, zelfs als het het lichaam van een vreemde is. We begraven de doden. Ik geloofde dat Yalla's lichaam en ziel niet gelukkig zouden zijn met de manier waarop hij te ruste zou worden gelegd. Ik dacht terug aan het uitdagende gesprek dat ik de vorige dag met Yalla had gehad en dacht nog eens na over zijn stemming terwijl hij zijn teleurstellingen uitte over toen hij in het Beloofde Land aankwam. Ik verdacht hem ervan dat hij toen al had besloten om zijn leven te beëindigen. Ik zag de gekwetste uitdrukking op zijn gezicht voor me, die zo anders was dan zijn meestal vrolijke uitstraling. Zijn gedrag tijdens ons gesprek de vorige dag had me zorgen gebaard nadat we afscheid hadden genomen. Het was duidelijk dat er wat mis was. Hij leek het leven moe te zijn, alsof hij het had opgegeven.

Ik zei tegen mezelf dat Yalla's dood een les moest zijn over het leven en dat ik zijn gevecht en ervaring als stof tot nadenken moest zien. Een wijze man zei ooit tegen me dat het belangrijk was om te leren van de fouten van ouderen zodat je op een dag je eigen kinderen kon onderwijzen en zij niet dezelfde fouten zouden herhalen.

Sam kwam later naar me toe in de grote hal van het kantoor met een document in zijn handen, dat hij hardop voorlas.

Yalla Banke – een illegale goudmijner heeft vanaf nu, volgens de wetten van het Beloofde Land en onder het gezag van Zijne Majesteit de Koning, de status van een legale mijnwerker ontvangen en heeft, volgens de wetten, de legitieme status en de rechten van een burger van het bovengenoemde land.

Ten gevolge van zijn tragische dood heeft het lichaam van de overledene het volledige recht ontvangen om vandaag gecremeerd te worden om drie uur 's middags bij de Sint Shabrina begraafplaats. Alle vrienden en kennissen zijn welkom. Vriendelijke groet van zijn contactpersoon, Sam Moelenaar.

Sam vouwde het document op, keek me aan en zei, "Ik was zijn contactpersoon. Al zijn persoonlijke zaken waren onder mijn beheer." Uit het niets vroeg hij me toen om weg te gaan omdat hij, zoals hij zei, naar het mortuarium ging om de ceremonie te regelen voor zijn vriend.

De buurtwacht was een macht om rekening mee te houden, wat de mensen buiten de muren betrof. De buurtwacht had de macht, die de koning zelf aan hun operatie gegeven had. De koning van het Beloofde Land had hen voorzien van de rechten en mandaten om van deur tot deur te zoeken naar wat hij beschreef als ongewenste vreemdelingen en ze weg te halen uit de Duin. Ze waren druk bezig met het fouilleren van een man verderop in de straat toen ik per ongeluk tegen hun checkpoint aanliep. Ik zag hoe ze worstelden met de zwakke en vermoeide oude man, die hard terug vocht in een poging zijn handen uit de handboeien te houden die ze hem wilden omdoen. De vier enorme buurtwachten waren erop getraind om om te gaan met zulke ongemakkelijke situaties en de controle te behouden.

Terwijl ze worstelden met de man, van wie ik aannam dat hij net als ik een ongewenste vreemdeling was, maakte ik mezelf klein en liep vol vertrouwen door het checkpoint zoals ieder andere burger zou doen. Mijn schijnvertoning voelde magisch, toen ik het checkpoint van de wachters zonder problemen passeerde. Ik keek de andere kant uit alsof ik ongeïnteresseerd was in de confrontatie tussen de wachters en hun arrestant. Ik overleefde de check die dag, maar het liet me met een zwaar hart achter. Dat waren het soort situaties waar ik me iedere dag druk om maakte, die hartverscheurend waren. Mijn overleden vriend Yalla vertelde me ooit het verhaal over zijn arrestatie door de buurtwacht, toen ze hem vonden terwijl hij illegaal werk verrichtte in het slachthuis. Zijn arrestatie bracht het feit onder hun aandacht dat hij een ongewenste vreemdeling was en toen zijn status was bevestigd werd hij meegenomen en opgesloten in een zwaarbeveiligde gevangenis. Hij moest daar achttien maanden zitten zonder proces of kans op vrijstelling. Hij was opgesloten omdat hij als ongewenste vreemdeling buiten de muren was gezet en werkte voor eenderde van het gewone salaris om voor zichzelf te kunnen zorgen, had hij mij verteld. Wanneer ik over Yalla's verhaal nadacht werd ik zenuwachtig en ik was eigenlijk altijd bang, zeker wanneer ik door de straten van de Duin liep.

De volgende dag organiseerde Sam samen met wat andere vrienden van Yalla een wake in de grote hal van Sams kantoor. De meeste mensen die er waren, waren ongewenste vreemdelingen. We staken kaarsen aan en stelden die op in de vorm van een hart, wat symbool moest staan voor onze liefde, respect en compassie voor onze overleden vriend. Mensen baden voor hem op hun eigen manier. Toen ik om me heen keek zag ik een verloren gemeenschap. Een gezelschap van mensen die hun leven doorbrachten met vechten om te overleven in een onbekend land, zonder stem. Een ongelukkige generatie van schatzoekers die hun menselijke sociale rechten en welzijn kwijtgeraakt waren. Een generatie waarvan ik later besefte dat die idioter was dan degenen die vroeger naar de piramides gingen om de heilige graal te zoeken. Na de wake liep Sam naar waar ik zat en trok een kruk bij.

"Je bent niet alleen, Eba. Ik ben hier bij je. Ik zal voor je zorgen, net zoals ik voor Yalla zorgde voor hij overleed."

"Dankjewel, Sam," zei ik terug. Zijn woorden gaven me een sprankje blijdschap, een blijdschap die de tranen een paar minuten lang wist te onderdrukken. Voor de meeste mensen in de kamer zag Sam eruit als een gulle man. Ik zette vaak mijn vraagtekens bij zijn goedheid. Ik had een aantal verschrikkelijke dingen meegemaakt, met name de dingen die in het huis van Samir El Sheik waren gebeurd, en na te hebben nagedacht over wat er tussen Samir en mij was gebeurd, was ik een stuk sceptischer over de mensen die ik ontmoette. Daarom had ik, ondanks het feit dat Sam aardig tegen me was, nog steeds mijn twijfels over hem.

Na de dienst gingen we als groep eten, gevolgd door een gebedsceremonie. De priester arriveerde gekleed in een dubbel gewaad en een paar bruine leren sandalen. Hij hield een lange rozenkrans in zijn rechterhand en telde de kraaltjes terwijl hij bad. Tijdens de gebeden zag ik dat een man boos begon te kijken en ik nam aan dat ook hij het moeilijke leven had van een ongewenste vreemdeling in de Duin. Hij keek gefrustreerd, niet alleen vanwege Yalla's dood maar ook vanwege de onmenselijke manier waarop we behandeld werden in de zogenaamd humane wereld. De man onderbrak de gebeden en begon de priester uit te schelden. De priester ging kalm door met de gebeden elke keer wanneer de man iets vreemds probeerde te zeggen, maar de man ging door en gooide meer scheldwoorden naar de priester. De man zag eruit als iemand die voor lange tijd verdwaald was geweest in de jungle en niks gaf om zijn rossige ongekamde baard die waarschijnlijk in geen jaren was geschoren. De geur die opsteeg van zijn baard en haar, dat in natuurlijke dreadlocks hing, was niet bepaald prettig om in te ademen. De man begon te schreeuwen, "Er is hier geen God! We zijn het zat om de hele tijd dat gepreek over hoop aan te horen! We hebben hier nu een oplossing voor nodig! We zijn ook mensen!" De man hief zijn armen op een slaakte een schelle kreet.

Toen de man zijn woede had geuit, liep de priester naar hem toe, omarmde hem vriendelijk en zei, "Zoon, je bent vergeven. Ik begrijp waarom dit allemaal zo hartverscheurend is. Maar er is altijd een weg voor hen die in zichzelf geloven en in God." De priester ging verder met zijn gebeden en werd niet meer onderbroken.

Het weer was die dag veel beter dan de vorige dagen en Sam en ik besloten om naar de kust te gaan en langs de boulevard te wandelen in een poging om onze emoties af te schudden van het afschuwelijke vertrek van onze vriend Yalla Banke. "Wat ben je nu van plan, Eba?" vroeg Sam terwijl we op dezelfde plek gingen zitten waar ik ook altijd met Yalla zat. Ik had geen antwoord op zijn vraag. Het was alsof ik in een kruisvuur gevangen zat. Ik kon niet helder nadenken over daar vertrekken en hoe ik dat überhaupt moest aanpakken. "Je hebt geen recht op een baan of werk, om op de straten van het Beloofde Land te lopen of om een opleiding te volgen." "Dat weet ik, Sam. Voor nu probeer ik te bedenken wat ik moet doen, want de weg terug naar huis zit op slot." "Ik heb medelijden met mensen in jouw situatie, Eba. Je moet je lang achter de gordijnen verstoppen, misschien zelfs wel voor de rest van je leven, net als onze overleden vriend Yalla."

Hij keek naar me alsof hij op een reactie wachtte, maar ik zei niets terug. Het onderwerp was erg moeilijk voor me. Sam ging door, "Kom volgende week naar mijn kantoor, Eba. Ik zal proberen een baan voor je te vinden." "Zal ik doen," zei ik terug. We zeiden gedag en gingen onze gescheiden wegen.

Een week later in Sams kantoor merkte ik hoe zenuwen me overvielen, terwijl ik daar zat te wachten in de enige luie stoel tot ik Sams kantoor in werd geroepen. Ik was niet de enige persoon in zo'n situatie die door Sam geholpen werd, aangezien er altijd een lange rij mensen stond te wachten om hem in zijn kantoor te mogen zien. "Je kunt nu binnenkomen, Eba," zei Sam en hij wenkte me zijn kantoor binnen. "Ik heb een baan voor je gevonden in de steengroeve. Ik denk dat het wel bij je zal passen." Dat was Sams aanbod. "Ik doe alles om voor mezelf te kunnen verdienen," antwoordde ik zo snel mogelijk, voordat Sam van gedachten kon veranderen. Ik was wanhopig op zoek naar een baan waarmee ik zelfvoorzienend kon zijn. "Goed, Eba. Je kunt morgen beginnen, zonder sollicitatiegesprek."

Ik kwam te werken in de Centrale Locomotorgroeve, ook wel bekend als de CLG. Het was de enige groeve die was overgebleven van de mijnindustrie, die ooit zo belangrijk was in de geschiedenis van het Beloofde Land. Zelfs al werkte voornamelijk de laagste arbeidersklasse daar, het was nog steeds een positie om jaloers op te zijn voor iemand in mijn situatie. De groeve was zo groot als twee voetbalvelden, al waren de voorzieningen duidelijk verouderd. Ze gebruikten dynamiet en andere explosieven om de machtige stenen te breken, die recht boven de arbeiders hingen. Toen ik op mijn eerste dag aankwam gaf ik de baan bijna op, maar ik besloot toch te blijven. De mijnopzichters waren voornamelijk oude mannen die hun hele leven in de steenindustrie hadden gewerkt en een genadeloze houding aannamen richting hun werknemers. Een van hen zei tegen mij, "Pas op, jongeman, ik ben het zat om dode lichamen hier te zien rondslingeren. Je doet maar beter nu je laarzen aan en zet die helm op voordat ik je ontsla." De opzichter had een lange Fu Manchu snor die boven zijn lip begon en langs zijn kin liep. Al zat zijn lange neus verstopt achter een masker, ik kon hem nog steeds zien. De harde geluiden van de explosies dichtbij deden pijn aan mijn trommelvliezen en 's nachts moest ik hoesten van het gruis dat de stenen achterlieten. Bij de werklieden kon ik ook de sporen van tuberculose zien wanneer ze moesten hoesten en bloederig slijm uitspuugden. Omdat ik geen andere realistische optie had, hield ik het vol en overleefde ik de put in het midden van de groeve. Ik vervoerde gemalen steen in een kruiwagen die ik moest vullen met een schep. Mijn palmen werden harder dan die van mijn vader waren toen hij het land moest omspitten om wortelgroentes te planten. Maar het werk in de groeve gaf me een kans om een beter leven voor mezelf op te bouwen in de Duin. Geen goed leven, maar zeker beter.

Na drie maanden in de groeve gewerkt te hebben, bedacht ik dat ik een redelijke hoeveelheid geld had gespaard bij Sam. We hadden afgesproken dat ik mijn geld op zijn kantoor zou bewaren omdat dat de enige plek was waar het in veilige handen was aangezien ik geen rekening mocht openen bij de bank. Geen legaal werk en geen bankrekening, allemaal volgens de wet. Ik dacht al dat Sam ook voor Yalla en vele anderen geld bewaarde in zijn kantoorkluis. Ik had hem de kluis al een aantal keer zien opendoen als hij me wat geld gaf, maar ik ging ervan uit dat de code van de enorme zwarte kast iedere keer veranderde. Met mijn nieuwe baan kon ik het me veroorloven om iedere dag op zijn minst een fatsoenlijke maaltijd te kopen bij het enige restaurant in de Duin dat hun diensten ook leverde via rijdende foodtrucks. Dat ik kon kiezen wat ik wilde eten was een enorme verbetering, maar het leven was nog steeds niet normaal. Ik moest zeven dagen in de week werken voor slechts een kwart van het minimumloon, hetzelfde slappe contract waar Yalla over had geklaagd. Het contract was een bittere pil met een laagje suiker eromheen. Moeilijk om te slikken, maar beter dan niets om me uit mijn afschuwelijke lijden te verlossen.

Mijn vriendschap met Sam werd geleidelijk intiemer tot hij me op een avond vroeg, "Zou je het leuk vinden om met me naar een naaktstrand te gaan dit weekend?" "Wat moeten we daar doen dan?" vroeg ik onzeker. "Mensen gaan erheen om te ontspannen en nieuwe vrienden te vinden." "Dat kan ik niet, Sam. Ik schaam me te erg om mijn lichaam bloot te geven. Daarnaast is het volgens onze traditie verboden om geheel naakt tussen de mensen te lopen." "Oké, da's prima voor je, Eba," zei Sam terwijl hij me geamuseerd aankeek.

Mijn gewoonte om vreemdelingen niet te vertrouwen was aangesterkt door de harde lessen die ik tijdens mijn reis door de woestijn en in de verlaten stad had geleerd. En ik herinnerde me ook wat Yalla me had verteld over vertrouwen: "Vertrouw deze wereld en haar mensen niet te gemakkelijk, Eba. Doe eerst een klein raampje open om het vertrouwen binnen te laten en leer de mensen beter kennen voordat je je voordeur opendoet."

Ik vond zijn advies over mensen vertrouwen maar verwarrend en wist niet zeker of ik de betekenis ervan helemaal begreep. Mensen gaven me vaak ongewenst advies en het was aan mij om daar iets uit te filteren. Het was twee jaar sinds ik mijn land had verlaten, maar niets was beter geworden. Het leven in het Beloofde Land was zo hard als een solide en machtige rots die ik met mijn blote handen moest breken om bij het kristal binnenin te komen.

Sam werd steeds veeleisender. Op een koude avond zaten we in zijn kantoor om mijn bankzaken na te gaan toen hij me een massage aanbood. Hij zei dat ik mijn kleren moest uitdoen en naakt op de lange eettafel moest gaan liggen in de keuken. Ik vond het maar een raar aanbod. In mijn traditie kregen mensen alleen massages van traditionele dokters wanneer ze heel ziek waren of aan erge pijn leden. De traditionele genezers van mijn land gaven geen massages door een andere man te strippen boven op een eettafel.

Het moment waarop ik Sams aanbod voor een massage weigerde, bleek het moment dat onze band begon te breken. Ik merkte zijn veranderende gedrag toen hij uit zijn bureaustoel opstond, zijn ogen wijd opensperde en zijn handen agressief spreidde. Ik nam snel een beslissing en begon richting de deur te gaan voordat de geschiedenis zich kon herhalen. "Ik moet nu gaan, Sam," "Stop, Eba!" riep Sam naar me. Hij haalde een lang zilverkleurig keukenmes uit een van de lades van zijn bureau en richtte het naar me. Ik nam behoedzaam een stap naar de deur van zijn kantoor voordat hij iets kon doen of dichterbij kon komen. Ik was bang voor het donderende geluid van zijn stem. Ik probeerde hem in te schatten en zag hoe zijn gezicht verbrokkelde. Ondanks mijn angst nam ik de trap met twee treden tegelijk zonder om te kijken. Ik hoorde het geluid van Sams leren laarzen terwijl hij me achterna kwam de trap af. Hij liep achter door zijn slechte fysieke conditie en begon met een wanhopige stem naar me te schreeuwen, "Je kunt niet wegrennen van me, Eba! Je weet hoeveel ik van je hou! Dit is hoe het ook tussen mij en die arme Yalla werkte." We hielden allebei halt op de trap, met genoeg treden tussen ons dat ik er zeker van kon zijn dat hij niet bij me kon. Hij hield het mes in zijn hand geklemd en bleef schreeuwen.

"Denk je echt dat je hiermee weg kan komen na alles wat ik voor je heb gedaan, Eba? Je moet me terugbetalen, je bent het me verschuldigd!" "Ik ben je niks schuldig, Sam!" zei ik terug. "Je mag al het geld dat je voor me hebt bewaard houden en uit mijn leven verdwijnen. Ik hoef je niet meer te zien!" De echo van mijn uitgeschreeuwde naam terwijl ik de trap af racete kon niets meer veranderen en ik verspeelde geen tijd meer. Ik maakte dat ik wegkwam, wanhopig als een muis die de dodelijke klauwen van een kat probeerde te vermijden. Sam gaf het niet op en kwam me achterna de trap af. Ik ging nog sneller en raakte de controle over mijn voeten kwijt. Mijn hele lichaam sloeg over de kop op de treden en ik rolde de trap af. Ik kwam bij de open deur tot stilstand, de hoofdingang van het gebouw, en ik rende erdoorheen. Tijdens het rennen hoorde ik Sam vanuit de deuropening gillen.

"Ik weet je te vinden, Eba! Ik zal je vinden en zodra ik met je klaar ben geef ik je over aan de buurtwacht. Ik zeg ze dat je een ongewenste vreemdeling bent!" Ik had genoeg van zijn bedreigingen gehoord en bleef doorrennen. De pijn in mijn rechterbeen was ondraaglijk, maar ik moest volhouden en daar weg zien te komen nu het nog kon.

Liefde en genegenheid

'Artsen zonder Grenzen' was een kliniek die uit een grote tent bestond, de enige kliniek in de Duin. Het was een liefdadigheidsorganisatie van toegewijde medische vrijwilligers en professionals die hun leven wijdden aan het redden van de levens van anderen. Ze kwamen naar de Duin om mensen te helpen in situaties als die van mij. De organisatie had een betrouwbare reputatie en na vijfentwintig jaar medische dienst aan de arme mensen van de Duin vertrouwden de inwoners haar. Als ik ooit de kans krijg om een medaille voor vrijgevigheid toe te kennen, zou ik die medaille zeker aan die organisatie geven.

Nadat ik aan Sam was ontsnapt ging ik meteen naar de kliniek, de enige plek waar ik mijn gewonde been zonder kosten kon laten behandelen. Mijn been deed zoveel pijn dat ik me langzaam naar de dokter moest slepen. Het was druk in de kliniek toen ik daar aankwam, dramatisch strompelend op mijn ene been. Ik werd vriendelijk ontvangen door een zuster op leeftijd die me naar een veldbed bracht en zei dat ik daar moest wachten op de dokter, die snel zou komen.

"Probeer je te ontspannen," zei een jonge, sussende vrouwenstem vlak nadat de oude zuster weg was. Voor me stond de dokter. "Je bent nu in goede handen," stelde ze me gerust met een brede glimlach op haar gezicht dat de vorm had van een kleine, fonkelende diamant. "Ik ga je onderzoeken om te zien of je iets gebroken hebt en morgen zal een van mijn collega's je de uitkomst laten weten," zei ze vriendelijk. Onze blikken kruisten terwijl ze haar stethoscoop op verschillende plaatsen op mijn lichaam legde. Mijn hart maakte een sprongetje. Ze luisterde naar mijn hartslag en longen en bekeek toen de wond op mijn onderbeen. Ze vroeg of ze een bloedmonster mocht nemen ter controle. Ik hoefde niet te vertellen hoe ik gewond was geraakt als ik dat niet wilde. Ik vond het een opluchting om niet over Sam te hoeven praten. Zonder iets te zeggen volgde ik haar bewegingen en keek ik toe hoe ze de wond schoonmaakte.

Nadat ze me onderzocht en behandeld had, legde de dokter mijn hoofd op een kussen en bedekte me met een dun grijs dekentje voordat ze stilletjes vertrok. Ik kon nog steeds de schok voelen die was achtergebleven toen ze met haar diepblauwe ogen onderzoekend in mijn ogen keek. Ik wilde weten of ik mijn blik ooit weer op haar zou mogen laten vallen. Die nacht werd ik in de kliniek opgenomen. Ik hoopte dat de dokter weer zou verschijnen, maar toen er iemand terugkwam was het, tot mijn teleurstelling, de oudere zuster die me eerder had ontvangen. Ze kwam vaak bij me kijken en was erg vriendelijk. Ze vroeg me onvermoeibaar steeds hoe ik me voelde en bracht me medicijnen en fruit. "Eet, want eten is een belangrijk deel van genezen," zei ze. Ik at alles wat ze me gaf.

Het groene veldbed waar ik op lag was bevlekt met opgedroogd bloed. Het was waarschijnlijk een oud bed dat voor mij vele slachtoffers had gered. Liggend op het bed voelde ik dat mijn gewonde been dankzij de zorg die ik had gekregen weer zou genezen. "Meneer Eba Yoko," riep een joviale stem vanuit de gang. Toen ik me omdraaide zag ik de dokter naar mijn bed lopen. Ze had een zwarte map gevuld met papier bij zich. "Dit zijn de resultaten van de verschillende tests en monsters die we gisteren van u hebben genomen."

Toen ze dichterbij kwam zag ik het naambordje dat op haar borst was gespeld. Dokter E. D. Islaker. Haar achternaam viel me op. Het klonk bekend, een naam waarvan ik zeker wist dat ik die eerder was tegengekomen. Ik herinnerde me dat het de naam was van de dokter die me na het bootongeluk een paar jaar terug had gered. De dokter met de blauwe ogen onderbrak mijn gedachten door mijn medisch rapport uit te leggen. Ze zei dat ik niks gebroken had, het was maar een oppervlakkige wond die binnen een paar dagen zou genezen, en dat ik geen SOA's of malaria had, iets waar daklozen altijd uit voorzorg op werden getest. Ze leek dit keer meer ontspannen dan de vorige dag toen ik haar ontmoette. Ik was verrast dat ze was komen opdagen, want ik had verwacht dat een van haar collega's de resultaten zou komen brengen. Ik waagde het om haar nog eens aan te kijken terwijl ze het rapport oplas. Toen ze klaar was keek ze op en onze blikken kruisten elkaar. Mijn wangen werden warm. Ze lachte en vroeg, "Nog vragen, meneer Yoko?"

"Niet echt," zei ik, "Ik ben vooral benieuwd naar de naam op uw naamkaartje, 'Islaker'." "Dat is de naam van mijn moeder," zei ze vriendelijk. "Het is dezelfde naam als van een van de dokters die me na een bootongeluk heeft gered een paar jaar geleden. Haar naam was ook dokter Islaker en het was precies zo gespeld als die van u." Ik keek haar vragend aan. "Mijn moeder is ook dokter. Ze is vrijwilligster bij het medische team van de kustwacht. Dus, je weet maar nooit, het kan best mijn moeder geweest zijn," antwoordde ze. Ik twijfelde er niet aan dat haar moeder mijn redder was geweest en vroeg me af of deze ontmoeting met haar dochter puur toeval was.

"Ik ga u nu ontslaan, meneer Yoko. U bent vrij om te gaan," zei dokter Islaker. Toen ze zich omkeerde om weg te lopen viel er een vel papier vanuit haar map op de grond. Ze zag het niet en was al bij de deur. Dit was de laatste kans om haar aandacht te trekken. Mijn buik zat vol vlinders en ik wilde weten of zij hetzelfde voelde. "Mevrouw Islaker," riep ik met bevende stem, "u heeft iets laten vallen." Toen ze zich omdraaide, zwiepte haar lange bruine haar in het rond, draaide en landde op haar schouder. Ze glimlachte en kwam weer terug. "Dank u," zei ze met een brede glimlach. Ik kon een band tussen ons voelen en merkte dat het ijs gebroken was. Ze lachte warm toen ik op het punt stond haar het gevallen stuk papier terug te geven, wat me de moed gaf om meer aandacht te vragen. Ik hield het stuk papier wat steviger vast, zodat ze het uit mijn vingers moest trekken. Zodra ze het voor elkaar had om het papier uit mijn grip te krijgen, keek ze me uitdagend aan. Ze nam een pen uit het zakje van haar marineblauwe werkkleding, schreef iets op het witte vel papier en overhandigde het me met een grote glimlach. Toen draaide ze zich om en vertrok zonder een woord te zeggen. Terwijl ik het papier zorgvuldig in mijn zak stopte, zag ik dat een van haar collega's, een lange vrouw met een lange kin, de interactie tussen ons nauwlettend had gevolgd. Op weg naar de uitgang van de kliniek kwam de vrouw naar me toe en fluisterde in mijn oor, "Ga ervoor." Ze keek me veelbetekenend aan en ging weer aan het werk. Mijn hart bonkte sneller toen ik dacht dat er mogelijk iets goeds in het verschiet lag. Maar zou zo'n prachtige vrouw als dokter Islaker ooit verder kunnen kijken dan mijn uitzichtloosheid? Ik was een man zonder baan, geld of vooruitzichten. Zij leefde in een totaal andere wereld, veilig achter de muren van het Beloofde Land.

Eenmaal op straat was ik weer alert en gespannen. Ik moest voortdurend mijn nek uitsteken en over mijn schouder kijken als een bange flamingo die haar jongen beschermt tegen de aanval van een roofdier. Zo bracht ik mijn dagen door, altijd op mijn hoede voor iemand die me door de straten van de Duin volgde. De nieuwe uitdaging was om me voor Sam Moelener te verbergen, een last die me dreigde te verscheuren.

Sam Moelener stond bekend als een sociale organisator en had een goede naam opgebouwd door zijn liefdadigheid, zeker als het om het helpen van ongewenste vreemdelingen ging. Hij was het huismerk van de Duin, een naam die bovenaan de lijst van weldoeners stond. Zijn naam lag op de lippen van bijna iedere inwoner van de Duin. Helaas hadden veel van die mensen geen idee wat er binnen in hem schuilging. Ik had dezelfde indruk als die mensen toen we elkaar voor het eerst hadden ontmoet, toen ik in zijn goedheid geloofde omdat ik afging op de manier waarop hij tegen anderen sprak. Ik wilde een engel zien, gezonden in de vorm van een man om de mensen te bevrijden van onrecht en honger. Mijn eerste indruk van Sam was, ondanks mijn eerdere twijfel en reserves, zo positief dat ik nooit had gedacht dat deze bijna magische eigenschappen nog een teleurstelling in mijn leven zouden blijken. Hij was uiteindelijk net zoals Samir, een nachtmerrie in plaats van een dagdroom.

Nadat ik de kliniek verlaten had, zwierf ik wat door de straten om de tijd door te komen. Toen ik dichter bij de boulevard kwam, voelde ik regendruppels op mijn gezicht. De bui werd steeds heviger en de druppels maakten gaten waar ze neerkwamen op de onverharde weg. De heftige regen dwong me om zo snel als ik kon te rennen en onder het dak van een oud gebouw te schuilen. Terwijl ik wachtte tot het stopte met regenen, verscheen er een bruin-zwarte beagle. Hij hijgde hard door zijn half openhangende bek. De zwerfhond stopte en ging bij me zitten en we deelden de droge schuilplaats. Ik zat daar met mijn nieuwe beaglevriend toen ik het stuk papier uit mijn zak haalde. Het was doorweekt door de regen. Ik nam mijn tijd om voorzichtig het papier uit te vouwen. De woorden, geschreven in blauwe inkt, zeiden, "Het was leuk je te ontmoeten, Eba. Ik ga mijn moeder vragen of zij het was. Laten we morgen om 17:30 onder de Duinbrug afspreken. Zorg goed voor jezelf. Veel liefs, Elena."

Na het lezen van het briefje stond mijn wereld op zijn kop, hoewel ik de uitkomst van onze ontmoeting niet kon voorspellen. Mijn hele lichaam werd koud en een tijdlang beefden mijn lippen. Ik vroeg me af of Elena een engel was of alleen maar een nieuwe droom. Ik voelde dat er iets aan de horizon gloorde, maar ik durfde het bijna niet te geloven. Ook al had ik het gevoel dat ze in mij geïnteresseerd was, ik was bang dat Elena ook een monster zou blijken zoals Samir El Sheik en de anderen. Toch gaven de vlinders in mijn buik me het lef om naar haar toe te gaan.

Om vijf uur de volgende dag, een koude middag, stond ik onder de Duinbrug, die geheel uit ijzer bestond. Het was precies vierentwintig uur nadat ik Elena's briefje had gelezen. Ik moest nog dertig zenuwslopende minuten doorstaan voordat ik haar kon zien. Ik liep rusteloos heen en weer in de richting waarvan ik dacht dat ze vandaan zou komen. Wat als ze niet zou komen? Wat als ze besefte dat ik niet meer dan een dakloze, gekwetste man was? En dat er met mij geen toekomst was? Ik werd me plotseling bewust van mijn eigen lichaam. Ik had al dagen niet kunnen douchen en droeg al de hele week dezelfde kleren.

Terwijl ik wachtte en piekerde, schrok ik op van een claxon die uit het niets een dubbele toon liet horen, luid en duidelijk vanuit de verte. Ik draaide me om en zag twee prachtige vrouwen. Zelfs van een afstand leken ze duidelijk op elkaar wat betreft lengte, haarkleur en bouw.

"Eba!" riep Elena. Ze zwaaide naar me en gebaarde om naar de grijze Mini te komen waar ze allebei tegenaan leunden. Ik haastte me als een vos in de nacht en zette dubbelgrote stappen naar hen toe. Zodra ik bij ze kwam, schonk Elena me een brede glimlach en zei dat ik in de auto mocht stappen. Ik pakte gauw het handvat van de deur van de achterbank en deed die open. Binnen voelde het aangenaam warm terwijl ik mezelf liet neerzakken op de perfect gestoffeerde zitting. Zodra we in de auto zaten en ik de deur dicht had gedaan, startte Elena de motor en waren we weg. Pas toen keek ik nog eens naar Elena's metgezel, die ik meteen herkende als dokter Islaker senior. De dame ter sprake was geen steek veranderd, ze zag er net zo uit als toen ik haar voor het eerst had gezien, nadat ze me gered had.

"Goed om je weer te zien, Eba," zei ze met oprechte warmte. "Het is me een genoegen, dokter Islaker," antwoordde ik. Misschien moest dokter Islaker een beetje huilen van de sentimentele muziek die op de radio speelde. Ik kon haar gezicht zien via de achteruitkijkspiegel van de auto. Tranen liepen over haar wangen en Elena drukte het gas in om de motor harder te laten werken.

"Je was een van de twee mensen die het fatale bootongeluk hebben overleefd," zei dokter Islaker door haar tranen heen. Ik voelde haar passie om levens te redden. Ik was een jonge man, bijna even oud als haar eigen kind, die was verdwaald in het midden van de wildernis. Ik zag haar pijn als dat wat mijn moeder gevoeld zou hebben als ze nog zou leven. In dokter Islaker zag ik het gezicht van een moeder die als ze kon de wereld zou redden. Ik wilde dat ik een signaal naar de radio-dj kon sturen om te kappen met die emotionele liedjes, maar Elena kwam ertussen door de radio in te stellen op een andere zender die wat vrolijkers uitzond.

"Je hebt me hier al over verteld, mam," waarschuwde Elena. Haar moeder droogde haar tranen met een zakdoekje en glimlachte. "Dit is een dubbele redding. Ik voel op zijn minst dat ik geluk heb je weer te zien, Eba." "Dat heb je zeker, mam." Haar dochter rondde het gesprek af.

Elena reed een parkeergarage binnen in het stadscentrum van de Duin. Ze reed rond en rond, helemaal omhoog tot de zevende etage waar ze eindelijk een parkeerplaats vond. Ze zette de motor af en kondigde aan dat we in een restaurant in de buurt zouden gaan eten. Het was duidelijk dat we de dubbele redding en de reünie met haar moeder gingen vieren.

Boven de hoofdingang van het restaurant hing een bord waarop "Welkom in het Ideale Organic Restaurant" stond geschreven in groene letters. De gestileerde meubilering van het restaurant was indrukwekkend. De muren waren paars geverfd, met een wit plafond waaraan bolvormige lampen hingen die gedimd brandden. De geur van geroosterd, gepeperd vlees uit de keuken mengde heerlijk met de aromatische geur van de koffie aan de bar. Voor het eerst zag ik professionele koks in hun witte outfit, koksmutsen en met lange zwarte schorten die om hun middel waren geknoopt. De geur van het geroosterde vlees bracht me terug naar de keuken van tante Agnes.

We kozen een tafel in de buurt van het grote glazen raam waardoor we de zon konden zien ondergaan over de prachtige restauranttuin, die was versierd met exotische bloemen en een sprankelende fontein.

"Heer, waarom is het zo mooi? Heer, ik ben nog nooit op zo'n mooie plek geweest. Heer, is dit echt?" Ik verloor mijn aandacht voor Elena terwijl ik die vragen fluisterde. Ik dacht toen aan wat mensen altijd zeiden: dat het Beloofde Land een wonderland was, bijna een hemel. Het uitzicht op de tuin van het restaurant waarover ik uitkeek was het bewijs dat die mensen gelijk hadden gehad. Ik was eindelijk, voor het allereerst, binnen de muren.

'Welkom in de echte wereld,' zei ik tegen mezelf. Volgens mijn overleden vriend Yalla Banke was het Beloofde Land een Shangri-La en ik kon zien dat het waar was. Veel ongelukkige burgers van het Beloofde Land hadden hetzelfde gezegd. Het was een perfect kunststuk, gecreëerd door mensen en versierd met omgesmolten schatten.

Op het menu stond rijst met kipcurry waardoor ik me voelde alsof ik de loterij gewonnen had. Voor mijn voorouders overheerste rijst de dag. Die filosofie hadden ze overgegragen op mijn generatie. Ik wachtte geen moment en bestelde er een groot bord van. De dames bestelden allebei een vegetarische maaltijd. Dat was de eerste keer in mijn leven dat ik over vegetariërs hoorde en ik werd nieuwsgierig. Ik vuurde beleefd wat vragen op dokter Islaker senior af.

"Waarom eten mensen geen vlees?" vroeg ik. "Ik ben vegetariër geworden, niet lang nadat ik als dokter aan het medisch college was afgestudeerd. Ik kwam net terug van mijn eerste missie als vrijwilliger tijdens de burgeroorlog in het land van Yougosoba. Tijdens mijn dienst op die missie zag ik de nodige dode en verminkte lichamen. Daarna stond het eten van vlees, in welke vorm dan ook, me tegen.""Ik heb het van haar overgenomen," onderbrak Elena haar moeder, met een lach op haar gezicht, zoals altijd.

"Ik ben geboren en opgegroeid tijdens de burgeroorlog in Yougosoba." "Oh echt?" vroeg dokter Islaker senior. Ze keek verbaasd en diepe lijnen doorkruisten haar voorhoofd. "Ja," bevestigde ik. "Als kleuter is me verteld dat mijn moeder is vermoord tijdens een aanval.""Dat is verschrikkelijk, Eba," zei ze geschokt.

Het eten werd opgediend. Toen ik Elena's briefje had gelezen de vorige dag, dacht ik dat die avond onze eerste date zou zijn, maar helaas had ik met haar moeder een langer gesprek, wat voor een afstand tussen mij en Elena zorgde.

Zou ik me onze verliefdheid dan toch ingebeeld hebben? En was het vooral medelijden dat Elena voor me voelde?

De maaltijd was heerlijk. Het verbaasde me dat de dames Islaker de rekening splitsten en ieder de helft betaalden. Elena merkte mijn verbazing en helderde de situatie op. "Dit is onze traditie," zei ze, "wees niet verrast." "In mijn traditie betaalt de man altijd de rekening," zei ik terug.

Na een gezellige avond met fijne gesprekken waarin we meer over elkaar hadden geleerd, was mijn hoop om Elena weer te zien niet zo sterk als de dag ervoor. Ik kon niet voorspellen of de toekomst slechts een vriendschap zou behelzen of een liefdevolle relatie. Het voelde alsof ze alleen maar wilde weten wie ik was en waar ik vandaan kwam, meer niet. Einde verhaal. Maar toen Elena me afzette in de straten van de Duin, stapte ze uit de auto om me een stevige knuffel te geven. Toen reikte ze naar mijn wangen, die ze drie keer zoende voordat ze weer achter het stuur gleed en wegreed zonder iets te zeggen.

Mijn wereld stond weer op zijn kop na een avond te hebben doorgebracht in het gezelschap van die twee prachtige zielen. De genegenheid en hoop die ze toonden had ik nog niet eerder ervaren, en de avond was geëindigd met de aanraking van handen en lippen van de vrouw waarop ik verliefd aan het worden was.

De dood van mijn vriend en oude mentor Yalla had me alleen achtergelaten en ik liep vaak eenzaam over de straten van de Duin, als een zwerver. Ik werd een vogel zonder bestemming, een verlaten beest dat uit zijn eigen clan verbannen was en alleen was achtergelaten om te lijden en te sterven in de wildernis. Misschien was ik te jong om te begrijpen waarom Yalla had besloten zijn leven te nemen, omdat ik niet kon inzien wat een volwassen man ertoe kon zetten om zichzelf op te hangen. Aan de andere kant, als hij nog in leven was geweest had ik nooit geleerd wie Sam Moelener echt was. Pas na Yalla's droevige vertrek begon ik de drijfveer achter zijn mysterieuze dood door te krijgen.

In onze traditie zouden mensen het niet als een toeval maar als een zegen beschrijven, die oprees vanuit het graf van mijn grootmoeder. Het was inderdaad een zegen om een tafel te mogen delen met zulke mooie en sympathieke vrouwen als de Islakers. Elena was op een heftig moment in mijn leven verschenen, op een moment dat ik wanhopig hard iemand nodig had om mee te praten en vast te houden, een persoon die me weer kon leren hoe te vertrouwen. Ik vroeg me af of ze echt mijn ware beschermengel was of dat dit nog een nachtmerrie in de maak was. Mijn aantrekking tot haar was een hevige tornado geworden die ik niet kon weerstaan, een storm die me omver blies. De dag na ons etentje in het restaurant voelde het, alsof wat er de vorige avond was gebeurd, slechts een droom was geweest die vervaagde als rook in de lucht. Na de prachtige sfeer in het restaurant was ik weer alleen achtergelaten om door de straten te zwerven. Ik durfde niet terug te gaan naar de groeve omdat ik me daar niet meer had laten zien na het hele Sam Moelener gedoe, en dat zou waarschijnlijk de eerste plek zijn waar hij mij zou gaan zoeken.

Ik ging naar de wc in zo'n mobiel straattoilet dat van hard plastic was gemaakt. Terwijl ik daar bezig was, moest ik denken aan Elena en aan haar aanraking. Mijn gedachten hielden me iets te lang in de plastic cabine, tot ergernis van de man die buiten stond te wachten. Hij werd ongeduldig en begon boos op de deur te kloppen, wat me weer terug naar de werkelijkheid bracht. Toen ik tevoorschijn kwam uit mijn fantasiewereld, besloot ik om mijn leeggelopen emoties weer te vullen door naar de Duinbrug te wandelen. Misschien zou ik daar de sfeer van de vorige avond weer kunnen oproepen. Tweehonderd meter verderop zag ik iemand onder de brug staan, leunend tegen een grijze auto, beide armen over de borst gevouwen, maar ik kon niet zien wie het was omdat de lucht al was overschaduwd door de inzettende avond. Ik begon sneller te lopen om het van dichterbij te kunnen zien en zag dat mijn instinct gelijk had. Terwijl ik dichterbij kwam zag ik het lachende gezicht van Elena. Zelfs voordat ik naar haar omhelzing reikte begon ze alles uit te leggen. "Het kwam gewoon in me op en ik waagde een gokje door hier te komen in de hoop dat ik je weer zou vinden, Eba," zei ze. "Mijn hart vertelde me dat als ik naar de brug zou komen ik je dan misschien zou vinden." "Ik dacht hetzelfde over jou, Elena," gaf ik toe met trillende stem.

Elena's ogen boorden zich in die van mij, alsof ze de waarheid die daar verborgen zat tevoorschijn wilde halen. Ik herkende het gevoel en het verlangen in haar ogen. Een blik van iemand die het lichaam van een ander vast wil houden. Ik stond op het punt om te ontploffen van blijdschap en kon de vonken niet meer inhouden. De tweeënhalve minuut waarin we elkaar vasthielden, waren intens en intiem. Ik legde mijn handen zachtjes op haar onderrug en zij één van haar handen op mijn rug en de ander om mijn nek. Ik voelde de warmte van haar palmen, die leken alsof ze in brand stonden. Onze omhelzing legde de waarheid bloot: hoe zeer we elkaar nodig hadden, hoe lang we naar dit moment hadden verlangd. We lieten elkaars lichaam los, maar hielden elkaars handen vast terwijl we elkaar onderzoekend aankeken. Zuchtend van opluchting reikten we naar elkaars lippen. Haar bovenlip in mijn mond en haar onderlip zachtjes op die van mij. Haar lippen waren rijk en vol en de zoen ging langer door dan ik had verwacht. Het was een zoen die me bevrijdde, zo vrij als een vogel die lange tijd in een kooi was opgesloten. Dat was het eerste magische moment in mijn leven. Ik, Eba Yoko, zoon van een alledaagse wijntapper, had het mooiste meisje gekust dat ik ooit had gezien. Onbedoeld schoot ik in de lach. Ik kon niet geloven dat ik een prachtige, intelligente vrouw gevonden had die bereid was om door mijn armoede heen te kijken. Iemand die mij zag als persoon, los van mijn uitzichtloze situatie.

"Ik kan je hier niet achterlaten," zei Elena. "Kom stiekem met me mee en blijf bij me in mijn appartement, binnen de muren van het Beloofde Land." "Ik ga met je mee, Elena," zei ik zonder aarzelen. Elena's aanbod verraste me. We waren duidelijk gek op elkaar, maar ik had nooit gedacht dat ze me een fatsoenlijk dak boven mijn hoofd zou aanbieden binnen de muren van het Beloofde Land, ondanks het feit dat het bij wet verboden was voor burgers om ongewenste vreemdelingen binnen de muren te huizen.

Die nacht, toen we het bed instapten, verkenden we onze verschillende werelden. Een stroom sensaties bloeide op in onze zielen en we doorbraken de grenzen die tot dan toe onze intimiteit aan banden hadden gelegd. "Je bent de eerste die in dit bed slaapt," zei Elena tegen me met een brede glimlach. "Nou," antwoordde ik, "als dat waar is, dan kan ik mezelf gelukkig prijzen." Ik volgde zachtjes de prachtige rondingen van haar naakte lichaam met mijn vinger. Haar hoofd rustte op mijn blote borst. Terwijl ik de vorm van een klein hart op haar schouder tekende, zakte ik langzaam in een diepe sluimer.

Vanaf die avond nam mijn leven een andere wending. Een wending die me omtoverde tot een man, die door mensen als Sam Moelener nooit meer op dezelfde manier zou worden aangekeken. Nadat we een maand hadden samengewoond, breidde Elena haar aanbod uit en vroeg me om definitief bij haar in te trekken. Zij zorgde voor het geld en ik voor het huishouden en de maaltijden.

Op een zonnige zondagmorgen, toen we zoals altijd langs de weg aan het hardlopen waren, vroeg Elena me iets. "Beloof me één ding, Eba." "Zeg het maar," antwoordde ik. "Beloof je me dat je ophoudt met bang zijn en dat je ophoudt met wegrennen van de dingen en de mensen waar je zo bang voor bent?" Ik stond even stil en zei toen, "Dat zal ik doen, Elena." Ze gaf me een knuffel en zei geruststellend, "Vanaf nu vertrouw je in de liefde. Geloof dat de liefde alles overwint." Ze glimlachte en slaakte een diepe zucht, waarna we de laatste paar kilometers van onze route aflegden.

Dat moment, waarop ik die beloftes deed aan Elena, was het beslissende moment in mijn nieuwe leven. Het moment waarop ik wist dat er geen weg terug meer was. Vanaf dat punt begon ik mijn leven te leven in een fatsoenlijk, permanent huis. Het was ook de eerste keer dat ik meemaakte hoe het was om met een partner samen te wonen. Samenwonen met Elena voelde goed, maar mijn ziel werd gevuld met schaamte. Ik schaamde me zo zonder werk, de hele dag thuis, wachtend tot mijn partner thuiskwam om met me te kroelen. Elena was degene die financieel voor ons zorgde, een rol waarvan ik wist dat ze die met oprechte intentie vervulde. Maar ik voelde me ook kwetsbaar door Elena's overdadige vriendelijkheid. Ik voelde me alsof ik niet voldeed aan de verantwoordelijkheden van een man. Ik was niet helemaal tevreden met de rol die ik in het huishouden speelde, al was Elena dat wel. Ze zei ook vaak tegen me, "Dankjewel voor alles, Eba."

Mijn leven was volledig veranderd sinds mijn ontmoeting met Elena. Ik voelde me veiliger op straat en had geen angst meer voor bendes. Ik sliep op een zacht bed met verse lakens. De warmte van mijn verliefdheid en de gezelligheid van Elena's appartement was een levensveranderende ervaring. Nog steeds wanneer ik koffie ruik, is Elena de eerste persoon die in mijn gedachten opkomt. De geur van koffie en die van Elena werd een combinatie die leidde tot een onschuldige verslaving. "Ik ben vrij en verliefd!", vierde ik met een schreeuw op een middag op het balkon terwijl Elena weg was.

Nadat we een jaar lang onofficieel hadden samengewoond, begon Elena's moeder meer betrokken te raken in ons dagelijkse leven. Ze zorgde voor me alsof ik haar eigen kind was. "We hebben eindelijk een man én zoon in deze familie," zei ze enthousiast. Op een nacht maakte Elena me wakker omdat ze lag te piekeren. Ze vertelde het verhaal van haar vader. Ze zei dat hij weg was gegaan toen ze nog maar drie maanden oud was en nooit was teruggekomen. "Mijn moeder vertelde me dat ze ruzie hadden over de kinderbijslag en het feit dat ze zijn volledige toewijding had geëist, en dat hij zijn verantwoordelijkheid als vader moest nemen. Mijn vader was boos geworden, zoals altijd wanneer hij alcohol had gedronken. Na een afschuwelijke ruzie pakte hij wat spullen en documenten in een rugzak en vertrok."

"Heb je ooit nog van hem gehoord?" vroeg ik. "Nee, nooit. Ik ben opgegroeid met mijn vaders kleren die nog altijd in de kast hingen. Ik vroeg me af hoe hij rook en wat voor parfum hij droeg. Soms bladerde ik door de foto's die hij samen met mijn moeder had genomen toen ze nog verliefd waren. Ik kan iets van hem in mezelf zien wanneer ik lach in de spiegel. Maar ik zal nooit weten wat voor man hij echt is. Mijn moeder heeft me weinig over hem verteld en ik hoor alleen geruchten van wat oude vrienden waar hij heeft gewoond."

Terwijl Elena mij over haar vader vertelde, voelde ik me nog veel verantwoordelijker voor haar als de nieuwe man, en misschien zelfs wel vaderfiguur, in haar leven. Elena liet weinig los over haar familie, behalve over haar moeder. Sinds ik haar voor het eerst had ontmoet, vertelde ze niets over haar familie en eventuele ooms of tantes. Ik vertelde haar wel uitgebreid over die van mij.

De tijd die ik doorbracht bij de Islakers in de beginperiode van onze relatie gaven me het gevoel dat ik mijn nieuwe familie had ontmoet. Dat gevoel leerde me om weer wat meer vertrouwen in mensen te krijgen. Het was alsof ik aan het einde was gekomen van een lange, uitputtende weg, van de positie als onbetaalde butler in het huis van mijn oom naar dat van een minderjarige die in de slechte handen viel van mensen als Samir El Sheik en Sam Moelener. Sinds Elena me het verhaal van haar vader had verteld, ervoer ik een soort promotie en gaf ik mezelf de rol van verdediger. Ik kwam op voor degene die voor mij was opgekomen toen ik op het allerdiepste punt van mijn neerwaartse spiraal zat. Ik had mezelf nu officieel de positie van hoofdlijfwacht van de Islaker familie toegeëigend, een rol die ik zou vervullen totdat ik erbij neerviel.

De geheimen onthuld

Overdag had het hard geonweerd, gevolgd door een dikke duisternis en een koude winteravond. Elena en ik lagen op de bank te relaxen en programma's te kijken. Op tv werd er reclame uitgezonden voor Barack Obama's speech ter gelegenheid van Nelson Mandela's honderdste internationale dag, die over een week zou plaatsvinden. We wachtten op het achtuurjournaal dat na de reclame zou beginnen. Elena las door het werkschema in haar agenda heen, terwijl de twee kopjes thee die ik had gemaakt nog te heet waren om te drinken. Na het lange reclameblok begon dan eindelijk het nieuws.

"Slechts enkele minuten geleden heeft er een explosie plaatsgevonden in het centraal station van de stad." De verslaggever, die er koud en nat uitzag, wreef bibberend zijn handen terwijl hij buiten bij het treinstation stond. "Er zijn acht doden bevestigd als gevolg van het ongeval en vele anderen zijn met ernstige verwondingen naar verschillende ziekenhuizen in de stad gebracht. Een aantal verkeert in kritieke toestand." De reporter werd onderbroken door de nieuwslezer in de studio. Een dame in een dikke rode blazer met daaronder een zwart shirt. Ze kuchte lichtjes en begon toen over een nieuwe ontwikkeling in het verhaal.

"De autoriteiten bevestigen nu dat het ongeval op het

centraal station een terroristische aanslag is. Volgens de politie zijn er twee verdachten betrokken bij de aanval. Eén van de verdachten blies zichzelf op met behulp van een explosief vest nadat de politie hem meerdere keren beschoten had. De tweede verdachte, van wie gedacht wordt dat hij in een blauw minibusje op de dader wachtte, is meteen gevlucht nadat de politie hem zag. Deze man is nog steeds voortvluchtig en wordt door de politie gezocht."

De verslaggever die op de locatie aanwezig was, nam het weer over met meerdere details over de aanslag die had plaatsgevonden. Na een paar minuten verscheen de nieuwslezer weer. "De politie heeft de naam van de voortvluchtige man bekend gemaakt. Zijn naam is Samir El Sheik, een inwoner van de verlaten stad. Van Samir is bekend dat hij enkele jaren terug als ongewenste vreemdeling in het Beloofde Land heeft gewoond. Als iemand de voortvluchtige kent, wordt hij opgeroepen om contact op te nemen met het dichtstbijzijnde politiebureau." Het verslag eindigde met een foto van Samir, die een sigaret rookte, rechtsonder in het scherm.

Ik was diep geschokt door het nieuws en het zien van Samirs gezicht op de foto. Het gezicht van die lang geleden verdwenen duivel die ik had gekend, waarvan ik overtuigd was dat hij uit het leven verbannen was om nooit meer terug te komen. Ik dacht dat Samir was omgekomen toen de boot omsloeg. Zelfs toen Dokter Islaker me had verteld dat er twee overlevenden waren, was het nooit tot me doorgedrongen dat de tweede overlevende Samir had kunnen zijn. Ontzet draaide ik me naar Elena, mijn mond wijd opengesperd.

"Wat is er met jou aan de hand?" vroeg ze, haar blauwe ogen opengesperd. Ik gaf haar een verwarde glimlach voordat ik antwoord gaf. "Niets, lieverd. Ik was gewoon even geschrokken van het nieuws." Mijn hoofd tolde. Ik stond op en liet Elena alleen achter op de bank terwijl ik het balkon op stapte. Daar, aan de rand van het balkon, zakte ik op de grond met mijn handen voor mijn gezicht. Al mijn angst, pijn en verdriet van de afgelopen jaren kwamen samen in één verstikkend moment. Ik hapte naar adem en probeerde mijn ademhaling onder controle te krijgen. Ik stond doodsangsten uit na alleen al het zien van Samirs foto.

Even overwoog ik om weg te rennen, alles achter me te laten, maar ik wilde Elena niet kwijt. En het was ondenkbaar dat ik voor haar de waarheid zou verzwijgen. Ik besloot dat, als ik mezelf niet snel bijeen zou rapen en naar de politie zou stappen om hun alles te vertellen over Samir, ik mezelf dat de rest van mijn leven kwalijk zou nemen. Ik dacht ook dat ik het risico liep dat de informatie die ik over Samir had tegen me zou kunnen werken als ik me nu niet aan de autoriteiten zou overleveren. Als mijn slechte geweten me niet zou neerhalen, dan zou de wet dat wel doen door me als medeplichtige te zien. Ik gaf mezelf een paar minuten de tijd om mijn hartslag rustiger te krijgen en liep vervolgens de woonkamer in. "Ik ken die man op het nieuws, die verdachte die nu op de vlucht is," zei ik tegen Elena. "Dat is Samir, de woestijnman, degene over wie ik je verteld heb." Ze keek me onderzoekend aan. "Ik dacht dat hij was omgekomen bij de schipbreuk," ging ik verder, "Ik had nooit gedacht dat hij het was toen je moeder zei dat ook iemand anders het overleefd had." Tranen sprongen in mijn ogen, die ik zonder succes probeerde te bedwingen. "Ik bel mijn moeder en vraag haar over deze hele Samir toestand." Elena keek verslagen toen ze opstond. Ik ging ervan uit dat ze misschien dacht dat ik meer wist van Samir en zijn netwerk. De explosie was nu iets persoonlijks geworden tussen mij en de voortvluchtige verdachte, die op televisie werd omschreven als gevaarlijk en dodelijk. De man die nog geregeld voorkwam in mijn nachtmerries, bleek een vijand voor de gehele natie.

Toen Elena terugkwam van de telefoon, doorbrak ze mijn gepeins. Ik piekerde over de consequenties die deze gebeurtenis voor mijn leven kon hebben. Wat als ik weer buiten de muren van het Beloofde Land gegooid zou worden? En wat voor effect zou dat hebben op mijn relatie met Elena? "Ik sprak zojuist mijn moeder," zei Elena rustig. "Ze zegt dat het hem is, de man op tv is Samir El Sheik. Ze wist het zeker toen ze door haar oude medische rapporten ging. Dus, je hebt gelijk, Eba. Mijn moeder zei dat hij werd opgevist terwijl hij naar de kust probeerde te zwemmen. Hij was heel zwak en ze hebben hem meteen naar een kliniek gebracht. Jij lag ondertussen nog bewusteloos aan boord van het schip."

"Waarom komt er niet gewoon een einde aan deze ellende?" vroeg ik met mijn handen in mijn haar. Elena gaf me een knuffel, wat me een beetje moed gaf. We luisterden rustig naar het televisienieuws dat op de tv herhaald werd. Elena vroeg of ik mezelf wilde melden bij de politie. Dat was een moeilijke stap om te zetten, maar het voelde alsof ik geen keuze had.

Zelfs al had de computer mijn verhaal verworpen toen ik

drie jaar geleden in het Beloofde Land was aangekomen, nu kreeg ik nog een kans om alles te bewijzen wat ik toen had verteld. Ik wist dat ik het moest doen, niet alleen voor de slachtoffers van de aanslag, maar ook voor mezelf en voor de vele anderen die door Samir en zijn netwerk waren misbruikt.

"Zou je het fijn vinden als ik met je meega?" bood Elena aan. Ik stemde dankbaar in en we vertrokken meteen richting het bureau. Onderweg naar het politiebureau was het druk in de stad. We zagen hoe mensen bloemen plaatsten en kaarsen opstaken op de plek van de aanslag, uit solidariteit en respect voor de slachtoffers en hun familie. Sommige mensen liepen rond met borden waarop ze opriepen tot liefde in plaats van haat.

"Centraal Bureau van de Politie" kondigde het bord aan, geschilderd in grote witte letters op een blauwe achtergrond. Het stond opgesteld aan de hoofdingang van het moderne, drie verdiepingen hoge gebouw dat meer glazen muren had dan betonnen. Twee agenten in uniform met kogelvrij vest en zwaar kaliber geweer, stonden op wacht bij de hoofdingang.

De agent aan de balie leek ongeduldig en ze wuifde ons haastig naar een paar plaatsen in het hoofdkantoor. Ze keek geschrokken op toen Elena ons voorstelde als partners en zei dat ik een getuige was in relatie tot de bomaanslag in het centraal station. Mijn lichaam begon te trillen en ik kon voelen hoe de metalen stoel waarop ik zat mee ratelde tegen de vloer. "Rustig aan, jongeman," zei de agente. "Dit is een erg belangrijke zaak en ik wil dat je weet dat je ontzettend dapper bent om hiernaartoe te komen. Je bent een goed voorbeeld."

Op de afdeling Anti-Terreur zaten vijf politieagenten druk te werken aan hun bureau. Een sterke geur van oude koffie vulde de kamer en ik verdacht de agenten ervan dat ze stiekem rookten, althans dat kon ik uit de walm die er rondhing opmaken. Al snel werd de sfeer officieel. Ik werd bang toen de leidinggevende, een sergeant, Elena bedankte voor haar medewerking en haar vroeg het gebouw te verlaten. Ze kreeg zelfs een rit naar huis aangeboden.

Elena protesteerde, "Ik moet bij Eba blijven." "Mevrouw, ik dank u voor uw medewerking, maar u moet nu het gebouw verlaten," herhaalde een grote bewaker die vanuit het niets verscheen en mijn vriendin op haar rug tikte. De hele weg naar de deur bleef Elena zich verzetten. Ze wilde niet weg en ik zag een vrouw die bereid was om voor mij door het vuur te gaan. De scène daar op de Anti-Terreur afdeling was beschamend. Elena en ik werden voor het eerst sinds ons samenzijn abrupt uit elkaar getrokken.

Nadat Elena het bureau had verlaten kwam er een fitte en goedgeklede politieagent binnen die een holster droeg met daarin een zwart pistool en een lange stok. Achter op zijn rug kon ik een paar zilveren handboeien zien hangen. Toen ik opkeek, terwijl hij me naar de verhoorkamer vergezelde, zag ik dat hij een donkere zonnebril droeg, wat ik eigenaardig vond aangezien we binnen waren op een al donkere winteravond. "Het is toch geen zomer," mompelde ik binnensmonds. Ik stribbelde een beetje tegen toen de agent me door de gang naar de verhoorruimte begon te forceren. "Moet je me nou echt duwen?" "Probeert u kalm te blijven, meneer," antwoordde hij. Zijn stem was zwaar en koud, zoals de stemmen vroeger op mijn vaders radio klonken.

Het bordje op de deur zei "Verhoor" en de deur was open, maar ik kon niemand in de kamer zien zitten toen de grote agent me naar binnen duwde. Ik draaide me ferm om en keek de kamer rond. Er stond een grijs geverfde tafel in het midden met twee stoelen in dezelfde kleur die tegenover elkaar waren opgesteld aan weerszijden van het bureau. De muren waren simpel wit geverfd en aan het plafond hing een helder licht. Twee speakers hingen aan de langere muren.

"Wacht hier," zei de agent met de zonnebril en hij deed de deur dicht. De kamer was waarschijnlijk geluiddicht, aangezien ik niks kon horen van wat er buiten de kamer gebeurde. De sfeer deed me denken aan de kamer waar ik in Samirs huis was opgesloten. Mijn hart bonkte in mijn keel, maar ik probeerde rustig te blijven. Een paar minuten later ging de deur weer open en kwam er een andere man binnen. Hij was netjes gekleed in een zwart, gestreept pak en droeg een dun papieren dossier in zijn rechterhand. Hij nam plaats aan de andere kant van de tafel en begon door de papieren in zijn dossier te bladeren voordat hij zich voorstelde.

"Meneer Yoko, mijn naam is inspecteur Toure. Ik vertegenwoordig de Anti-Terreur afdeling van dit politiebureau en ik ben hier om u wat vragen te stellen over de bomaanslag van een paar uur geleden." Hij hield even zijn mond en keek me indringend aan voordat hij verderging. "Het is het beste voor u en de mensen van dit land als u met ons meewerkt. Deze instelling garandeert u volledige getuigenbescherming zoals bepaald door de wet." Ik vond zijn staren intimiderend. Hij probeerde duidelijk uit te vogelen of ik de waarheid zou spreken of niet. In mijn traditie wordt het als onbeleefd gezien om iemand recht aan te kijken en dat vind ik nog altijd moeilijk om te doen. Elena was de eerste die ik echt recht had aangekeken.

Mijn stem trilde toen ik aan mijn uitleg begon. De kleine taperecorder die Toure op het bureau had gelegd, maakte een afwachtend geluid. Het leek op een auto die vast was komen te zitten in een modderig veld tijdens een safari. Het was een intens verhoor van dertig minuten, en inspecteur Toure maalde me tot meel met zijn kritische vragen. Hij was een lange en knappe man, die eruitzag als een doorgewinterde agent met ambities om de promotieladder nog verder te beklimmen. Het lopende onderzoek naar de terreuraanslag was een spraakmakende zaak die aan hem als hoofdinspecteur was besteed. De inspecteur bleef maar op me inbeuken met zijn vragen. De druk die hij op me legde om te blijven praten maakte me een aantal keer aan het huilen. Op een bepaald punt nam Toure een pakje sigaretten uit het binnenzakje van zijn jas. Hij maakte het pakje open, nam er een deels opgerookte sigaar uit en stak die aan met een zilverkleurige metalen aansteker. Hij nam een paar teugen en de rook liep via zijn neus de lucht in, voordat hij hem weer uitmaakte. Hij maakte notities in een klein smal boekje terwijl hij zijn vragen aan mij stelde. Tijdens het verhoor vertelde ik hem tot het kleinste detail over de pijn die Samir en zijn netwerk mij hadden aangedaan. Naarmate het interview vorderde werd ik steeds vrijer, waardoor ik me makkelijker over mijn verlegenheid en wantrouwen heen kon zetten. Aan het einde voelde ik me herboren, als een vrije vogel. Ik had nog nooit eerder mijn volledige verhaal aan een objectief iemand verteld.

Toen inspecteur Toure de kamer verliet en de deur achter zich dichtdeed, had een sterke tabakswalm de frisse lucht in de kamer vervangen. Even later ging de deur weer open en kwamen er een man en een vrouw binnen. De vrouw had een klapstoel bij zich, waar ze op ging zitten, en ze stelde zichzelf voor als Agent Ranger Miller, vertegenwoordigster van de grensbewaking van het Beloofde Land. De man stelde zichzelf voor als Correctieofficier Landford, die het extra beveiligde gevangenisdepartement vertegenwoordigde. Miller lichtte me in over wat er met me ging gebeuren.

"Meneer Eba Yoko," zei ze, mijn naam verkeerd uitsprekend, "U bent een getuige in een ernstige zaak. Maar ondertussen moeten we u ook arresteren voor het zwerven in de straten van het Beloofde Land. U heeft de regels overtreden door illegaal binnen en buiten de muren van de stad te verblijven." Ik schrok van haar woorden die suggereerden dat ze van plan waren om me voor lange tijd achter de tralies te zetten. Slechts een moment geleden was me nog verteld dat ik onder getuigenbescherming viel als ik meewerkte, maar nu moest ik naar de gevangenis. Correctieofficier Landford draaide mijn handen achter mijn rug en sloeg ze in de boeien. Ik voelde mijn paniek opkomen en begon zwaar te ademen. Wat als ik werd beschuldigd voor de daden van Samir? En wat als ik Elena nooit meer zou zien?

Bij aankomst in de zwaarbewaakte gevangenis joelden de gevangenen naar ons. Ze riepen "Vers vlees op de markt!" Ik werd meegenomen en opgesloten in een cel waar een man onderin een stapelbed lag. Een van de bewakers die me had begeleid zei: "Dit is je kamer, meneer Yoko. Daar ligt je celmaat en zorg dat je je gedraagt."

Ik gooide mijn deken op het bovenste bed. De cel was een vierkante kamer van drie bij drie, onbeschilderd maar gekleurd door de bakstenen die de muren vormden. De toiletpot had geen deksel en rook naar gekookte eieren. De man die op het onderste bed lag, was bedekt met een groene deken en begon te hoesten en zachtjes te vloeken voordat ik me in de cel kon installeren. Wanneer mijn celgenoot hoestte klonk hij als een behoorlijk oude en zieke man maar hij leek even oud als mijn vader. Nadat ik een paar minuten in de cel was, stond hij op en reikte mij zijn hand. Zijn vriendelijke groet was gastvrij, wat me rustig maakte.

"Wees maar niet bang voor deze plek, jongen. Mijn naam is Professor Shuber," stelde hij zichzelf voor. "Ik ben Eba Yoko." "Je zal wel van ver weg gekomen zijn, denk ik, toch Eba?" "Ja, inderdaad, meneer. Ik kom van de andere kant van de oceaan." "Ah, ik begrijp het. Dat zal wel het Continent van de Leeuwen zijn. Als dat zo is, ben ik er een aantal keer geweest vroeger, toen ik nog sterker was. Maar het leven is niet eerlijk, jongen," sprak Shuber en schudde zijn hoofd. Hij zei dat ik wat moest gaan rusten.

Toen ik wakker werd na een kort dutje, zag ik dat mijn celgenoot stilletjes in zijn bed zat, verdiept in een boek dat hij aan het lezen was. "Oh, je bent wakker," zei hij toen hij merkte dat ik wakker was. "Ze zullen ons strakjes naar buiten laten en dan kunnen we een frisse neus halen." "Dankjewel, meneer." "Oh zeg maar Shuber, hoor," verkondigde hij. "Wat bracht je hier, zoon?" "Ik weet het niet precies." Ik ontweek de waarheid, het was te vroeg om hem mijn verhaal over Samir en de rest te vertellen.

"Ja, jongen," zei hij, "soms sleurt de wind van onrecht de onschuldigen mee. Ik denk dat het leven een soort tornado is. Hij kiest er niet voor waar hij raakt." Shuber praatte zachtjes verder. Het was duidelijk dat hij lang niet met iemand gesproken had en zijn verhaal kwijt wilde. Ik ging er uitgebreid voor zitten, want iets in zijn voorkomen intrigeerde me.

"Ik was vierentwintig jaar oud toen ik afstudeerde aan een college voor wetenschap en technologie", zei hij. "Daarna vond ik al snel een baan en een paar maanden later trouwde ik met mijn vriendin, de prachtigste vrouw van de wereld. Een vrouw die van me hield. Maar laat me je iets vertellen, na een jaar van zoet getrouwd leven begon ik fouten te maken en ik heb alles verpest met het drankprobleem dat ik toen had."

Shuber kon zich er niet van weerhouden om me de hele waarheid over zichzelf te vertellen en hij ging door. "Ik heb mijn dochter niet volwassen zien worden. Ik heb alleen van wat oude vrienden gehoord dat ze nu een volwassen vrouw is en net als haar moeder een arts is geworden." Hij stopte even met praten en keek naar het plafond, knikkend met zijn hoofd. Ik zag dat hij zijn schaamte wegslikte en ik moest op dat moment denken aan de Islakers. "Mijn leven raakte geheel van het pad af, en het werd erger toen ik mijn vrouw en dochter verliet," ging hij verder. "Ik ben hier geëindigd omdat ik verdacht word van moord op de andere vrouw van wie ik hield. Ze was ook verslaafd aan de drugs en alcohol."

Ik kon mijn nieuwsgierigheid moeilijk bedwingen en besloot hem een paar vragen te stellen. "Hoe heten je vrouw en dochter?" "Mijn kleintje heet Elena en Marion Islaker was vroeger mijn vrouw." Hij liet zijn hoofd zakken. Ik kon het kale ronde plekje op het midden van zijn schedel zien, omringd door haar dat voor het grootste deel grijs was geworden.

Mijn mond trilde van de moeite die het koste om mijn lippen ervan te weerhouden hem te vertellen dat ik de vrouwen maar al te goed kende. Ik wilde hem zeggen hoe groot de pijn was waarmee hij ze had achtergelaten, hoezeer Elena hem miste. Maar de tweede gedachte zei me geen woord te spreken, dit was niet aan mij. Er was geen twijfel mogelijk dat Professor Shuber Elena's vader was. Hoe was dit mogelijk? Zonder nog een woord tegen hem te zeggen legde ik mijn wang terug op mijn kussen en sloot mijn ogen. Ik bleef maar denken aan mijn geliefde, Elena, de vrouw die bij me bleef. Gewoon om wie ik was. Het lot had mij en haar vader bij elkaar gebracht.

De volgende ochtend was ik bezig met push-ups in onze cel. Ik had slecht geslapen, maakte me zorgen om mijn toekomst en probeerde de stress in mijn lijf kwijt te raken door stoom af te blazen. Er verschenen twee bewakers voor de deur van de cel die zeiden dat ik een bezoeker had die op me wachtte. Ik wist meteen dat die bezoeker Elena zou zijn. Ik zag haar door het dikke geluiddichte glas in de bezoekersruimte. Ze zag er gefrustreerd en uitgeput uit. Met een verwrongen lach pakte ze de telefoon aan haar kant van het glas op.

"Ik heb een advocaat geregeld die je kan verdedigen en ons kan helpen om legaal als partners bij elkaar te blijven. Dat zou betekenen dat ik volledig verantwoordelijk voor je ben totdat jij een officiële baan weet te vinden. Maar we hebben een probleem." Ze boog haar hoofd, alsof ze verlegen was om wat ze me ging vertellen.

"Wat is er dan?" "De regels zeggen dat we elkaar minstens twee jaar moeten hebben gekend voordat we überhaupt een huwelijksproces kunnen beginnen en we hebben elkaar pas een jaar geleden ontmoet. Daarom heeft de computer mijn verzoek verworpen. Stomme regels." Ik kon zien dat ze haar tranen probeerde in te slikken. We zaten in stilte en keken elkaar aan door het glas. "U heeft nog één minuut," piepte het wekkertje. Elena stond op en drukte haar lippen tegen het glas voordat ze vertrok.

Soms dacht ik dat het leven in deze wereld het niet waard was, deze wereld gevuld door vooroordelen, haat en verwarring. Aan de andere kant, elke keer als ik dacht aan Elena en de kleine dingen die ons zo gelukkig maakten, zei ik tegen mezelf dat het een zegen was om geliefd en gezond te zijn. Mijn gedachten hielden me bezig en het was hoop, met een goede dosis realiteit, dat me op de been hield.

Het was al laat in de nacht toen Shuber me wakker maakte. "Er is iets wat ik graag met je zou willen delen," fluisterde hij. "Ik weet zeker dat we morgen allebei vrijgelaten zullen worden. Het zal gebeuren zodra de zon net is opgekomen. Maar ik wil dat je iets voor me doet. Ik weet dat mijn dochter nog leeft en binnen de muren van het Beloofde Land woont. Ik wil dat je deze brief aan haar geeft, want ik vertrouw jou en zelf kan ik de moed niet bijeenrapen." Shuber klonk als iemand die op het punt stond om op reis te gaan zonder de hoop om ooit nog terug te keren.

"Eba," zei hij, "jij en ik zullen allebei vrij zijn. Als je mijn dochter vindt, zorg dan dat ze deze brief leest. Vanaf het moment dat ik vertrok heb ik haar nooit meer mijn gezicht willen laten zien. Mijn ziel wordt neergehaald door mijn schuld en schaamte." Hij sloeg zijn ogen neer voordat hij doorging. "Eba, mensen denken dat mannen niet huilen, maar ik wil dat je weet dat wanneer iemand zegt dat mannen niet huilen, je diegene moet zeggen dat dat een leugen is want echte mannen huilen wel."

"Dat klopt, Shuber," stemde ik in. Het idee dat een man niet mag huilen is diep in mijn traditie geworteld. Ik heb mijn vader maar één keer zien huilen, in een verscholen hoekje achter in onze tuin waar hij dacht dat niemand hem kon zien. Dat was de dag dat zijn moeder was overleden. Mijn vader was waarschijnlijk te verlegen om voor de ogen van zijn vrienden en familie zijn tranen te laten lopen.

Ik nam de witte envelop aan van Shuber en zei tegen hem, "Ik zal ervoor zorgen dat ik de brief aan je dochter geef en ik zal goed voor haar zorgen als ze dat toestaat. Dat beloof ik je." Shuber glimlachte en zijn gezicht ontspande zichtbaar. Hij bedankte me voor mijn belofte, zonder te weten dat ik zijn dochter al in mijn hart gesloten had.

"Eba Yoko!" riep een krachtige mannelijke stem terwijl de stalen deur van onze cel kraakte en werd opengemaakt door twee grote bewakers. Ze kwamen binnen en vroegen me om hen naar buiten te volgen omdat ik vrij was. Het was al ochtend maar ik was nog niet helemaal wakker en Shuber lag nog te slapen. Ik deed snel mijn kleding aan die de wachters mee hadden genomen. Tegen de tijd dat ik klaar was met aankleden waren de bewakers bezig om mijn celgenoot nader te bekijken, die nog steeds niet had bewogen in zijn slaap. Plotseling waren de wachters stil en ik zag hen een vreemde blik wisselen, waardoor ik nog eens beter keek naar hoe ze zo dicht bij Shuber in de buurt waren gekomen zonder hem wakker te maken. Ik zag het witte speeksel dat uit Shubers mond vloeide en langs zijn kin op zijn oranje gevangenis-overall liep.

"Roep de dokter!" schreeuwde een van de bewakers. Professor Shuber werd doodverklaard. De bevestiging van zijn dood was als een nieuwe doorborende pijl in mijn hart, zeker vanwege mijn diepe connectie met zijn dochter. Ik realiseerde me dat dit de vrijheid was die hij had voorzien de vorige nacht. "Rust in vrede, mijn vriend," fluisterde ik schor.

Ik werd opgeroepen om naar de gevangenisdirecteur te gaan in zijn kantoor, dat in de hoogste toren van de gevangenis was gevestigd. De toren gaf me de gelegenheid om een volledig overzicht te krijgen van de kooi waarin ik was opgesloten. Ik lachte tijdens het klimmen van de smalle trap die naar de top van de gevangenis leidde, want de twee wachters die me vergezelden hapten naar adem en hijgden terwijl ze de trap opklommen.

Ik trilde terwijl ik het kantoor binnenliep, dat overspoeld was door bruine mappen en waarin een breed L-vormig bureau stond tegen de noordelijke muur van de kamer. De directeur zat op een leren bureaustoel met zijn gezicht naar de muur en zijn rug naar mij. Hij was zo'n dertig seconden stil voordat hij de driehonderdzestig graden draaiende stoel een zwiep gaf en ik zijn gezicht zag. Een lange en lelijke man met een lange kin, die hem een raar gezicht gaf. Hij zag er wel uit als een echte gezagsdrager.

"Mijn naam is Max Mc Koi, directeur van deze instelling." Hij begon zijn ongetemde snor te draaien en sprak trots. "Meneer Yoko, u wordt vrijgelaten vanwege het feit dat u een getuigenis aflegde die ons ontzettend veel waard is. Jouw getuigenis en de dingen die je ons verteld hebt over Samir El Sheik en zijn bende zijn allemaal bevestigd door de Anti-Terreur afdeling. Jouw beschrijving van plaatsen, en de namen van de mensen die je hebt genoemd tijdens de verhoren, is informatie die mogelijkheden creëert voor een succesvolle start van het onderzoek."

Hij pauzeerde even en gebruikte die tijd om een kop koffie voor zichzelf te zetten. Hij mompelde de woorden van een liedje mee dat op een radio in een nabij gelegen kantoor te horen was terwijl hij wachtte op het signaal van het koffieapparaat dat zijn drankje klaar was. Hij begon weer tegen mij te praten en nam af en toe een slokje van zijn koffie.

"Koffie voor één," zei hij jubelend. "Gevangenen delen geen koffiepot met de bewakers, Meneer Yoko." Hij ging verzitten in zijn stoel en nam nog een slokje voordat hij doorging.

"Voor jouw informatie, Samir en zijn netwerk zijn achtervolgd en gearresteerd als direct resultaat van de informatie die jij deelde. Er wordt verwacht dat ze voor een rechter zullen verschijnen zodat ze berecht zullen worden volgens de internationale wet. We geloven dat we de ruggengraat van Samir en zijn duivelse netwerk hebben gebroken en dat dat netwerk snel vernietigd zal worden." Hij opende een blauw dossier en begon de pagina's erin te ondertekenen. "Teken hier," zei hij, "je bent vrij om te gaan, maar nog één ding voordat je gaat. De koning van het Beloofde Land heeft je toestemming gegeven om hier legaal en permanent te blijven. Je problemen zijn voorbij, Eba." Ik tekende de verschillende documenten die Mc Koi aan me gaf en vertrok door dezelfde deur als waardoor ik binnen was gekomen.

Nadat Mc Koi mijn vrijlating officieel had verordend, liep ik de hoofdpoort van de gevangenis uit en vond daar twee politieagenten die tegen hun witte patrouillewagen leunden. Ze hadden op mij gewacht om me terug te brengen naar Elena's appartement als een vrij man. Maar toen ik thuiskwam, vonden Elena en ik het lastig om tot rust te komen. We waren zwak en moe en vulden de tijd door in het appartement rond te hangen en het nieuws over Samir en zijn bende te volgen. De nieuwsberichten bevestigden dat ze waren gearresteerd vanwege de getuigenis van een ongenoemde ongewenste vreemdeling, die zelf slachtoffer was geweest van misbruik door Samir en zijn netwerk. Het nieuws kondigde ook aan dat de ongewenste vreemdeling had toegezegd om als getuige in de zaak tegen Samir El Sheik te verschijnen in de rechtbank van mensenrechten en strafrecht. De eerste procedures zouden binnenkort beginnen. Het voelde goed dat ik uit de gevangenis was vrijgelaten, maar de berichten dat Samir en zijn bende waren gearresteerd, brachten nieuwe zorgen met zich mee. Ik had opnieuw het gevoel dat ik gevangen zat.

De verslaggevers beschreven me als een gemaskerde held van wie niemand de identiteit wist. Zelfs al was ik vastbesloten om de strijd met Samir en zijn bende aan te gaan in de rechtbank, ik was niet per se blij dat ik als held werd afgeschilderd. Mijn verwachting was geweest dat de autoriteiten me zouden beschermen en niet eens zouden zeggen dat er een getuige was. De aanhoudende persberichten over het verhaal maakten me kwetsbaar en leidden me af van mijn persoonlijke leven. Aan de manier waarop ze keek, kon ik zien dat Elena hoopvol was, maar ook moe en onzeker. In de keuken keek ik Elena aan, gaf haar een dikke knuffel en zei, "Dankjewel voor alles." "Je hoeft me niet te bedanken, ik heb het voor ons gedaan. Ik zou jou moeten bedanken."

Ik maakte me zorgen over wat ik Elena moest vertellen over het nieuws van haar vaders tragedie. Er was een agent ingezet om ons te beschermen in ons appartement, voor het geval van een bedreiging. Hij was nodig, maar het was ongemakkelijk toen ik me realiseerde dat ik niet kon voorkomen dat hij Elena zou horen huilen als ze de brief van haar vader las. Maar ik kon het ook niet verdragen om het nog langer voor me te houden.

Zittend op de bank naast Elena, trok ik haar aandacht met een bibberende stem, "Elena, ik heb een man ontmoet met wie ik een cel deelde in de gevangenis." Ze richtte haar aandacht op mij en luisterde aandachtig. "De man kwam ook uit het Beloofde Land en hij gaf me iets om aan iemand te geven."

Ik ging de slaapkamer in en kwam terug met de envelop, die ik aan haar gaf. "Hier," zei ik, "maak hem open, je kan misschien wel bedenken waar hij vandaan komt."

Toen Elena klaar was met lezen, liet ze de brief onbewust vallen en staarde met grote ogen naar het balkon. Bezorgd om wat ze nu zou doen, reikte ik naar Elena in een poging om haar te troosten met een knuffel, maar ze duwde me weg en keek op naar het plafond terwijl de tranen over haar wangen liepen.

"Waarom zei je dit niet eerder? Tijdens mijn bezoek in de gevangenis?" Een golf van schaamte spoelde door me heen en weerhield me ervan om te antwoorden. Er hing een stilte tussen ons. Ze boog haar hoofd en keek me recht aan, knikte als een teken van teleurstelling en liep weg. Dokter Islaker senior arriveerde voor een thee-afspraak dat we een paar dagen eerder hadden gemaakt. Ik vertelde haar wat er aan de hand was in het huis. Dokter Islaker senior pakte de brief op en las hem. Hoewel ze geschokt leek over Shubers brief, leek het erop dat ze op de een of andere manier al wist dat het leven van haar echtgenoot zo triest zou eindigen. Ze overhandigde de brief aan mij alsof ze me wilde uitnodigen om hem te lezen, wat ik ook deed. De tekst was kort.

Lieve Marion en Elena,
Ik schrijf dit om mijn liefde en dankbaarheid aan jullie te laten blijken. Ik ben me ervan bewust hoeveel pijn en teleurstelling ik jullie in jullie levens heb bezorgd. Terwijl ik dit schrijf zit ik in de gevangenis, waar ik de rest van mijn dagen zal slijten. In deze brief wil ik jullie beiden vragen om me te vergeven voor alle wreedheid die ik jullie heb aangedaan.

Ik heb de woorden niet om mijn verworpen leven te beschrijven en ik ben nu voorgoed en altijd opgesloten vanwege de stomme keuzes die ik heb gemaakt.

Ik weet zeker dat we elkaar in het hiernamaals zullen zien. Ik zal alvast gaan en een thuis voor ons bouwen aan de andere kant van de rivier. Ik zal een thuis voorbereiden

waar we alle dingen kunnen doen die we samen als familie misgelopen zijn. Ik zal een thuis voorbereiden waar we samen warm zullen zijn als een gezin, voor altijd.
Zorg goed voor jullie zelf.
Shuber Mathius

Toen Elena de brief las, liet ze het op de grond vallen alsof het onbelangrijk voor haar was. Ze verdween in de badkamer waar ze een uur onder de douche bleef staan. Ik ging naar de keuken en maakte het avondeten klaar.
De volgende dag klonk er geroezemoes in de rechtbank. Het publiek wachtte op de verschijning van de hoofdrechter. Mijn maag brandde alsof er binnen in me een stuk papier in brand stond. Ik zat naast mijn advocaten, in de buurt van de griffier. De aanwezigheid van de pers was overweldigend. Verslaggevers van kranten en andere media maakten zichzelf klaar om de botten uit het vlees te plukken. Op de mediatribune was een vrouw druk aan het tekenen en aangezien ze me iedere vijf seconden stuurs aankeek ging ik ervan uit dat ze een portret van me aan het maken was.
Ik vrolijkte iets op toen mijn ogen die van Elena ontmoetten. Ze zat samen met haar moeder tussen het publiek. Ze glimlachte naar me en knipoogde. Ik knipoogde terug en wist een glimlach te forceren voordat ik weer opgeslokt werd door de zenuwen. Voordat we van huis waren vertrokken leek Elena weer positief. Onze ruzie lag gelukkig achter ons.
Jaal Brown, de hoofdadvocaat van mijn juridisch team zei tegen mij: "Maak je geen zorgen, Eba, we krijgen ze wel klein". Ik keek hem vreemd aan. Die uitdrukking had ik nog

nooit eerder gehoord en ik had geen idee wat hij daarmee bedoelde. "Gaat u allen staan alstublieft!" riep de gerechtsdienaar. Hij stond zelf zo recht als een soldaat tijdens een erewacht. Iedereen stond op uit respect voor het edelachtbaar college en de hoofdrechter. Een man van pensioengerechtigde leeftijd kwam tevoorschijn. Hij ging gekleed in een volledig rood gewaad dat tot op zijn enkels hing, met een zwarte sjaal rond zijn nek. Zijn korte pruik van paardenhaar, grijs en gekruld, stond stevig op zijn hoofd en glom in het licht.

Rechter J. S. Sommerset, volgens het naamplaatje op zijn bureau, verscheen in de zaal met zijn volledige team en een groep van zeven man, die de jury vormde. "Het gerecht mag gaan zitten," zei de rechter, die zijn plaats al had ingenomen en door een groot dossier dat voor hem lag begon te bladeren. De juryleden gingen op hun plek zitten, op een aparte tribune die werd afgeschermd door een laag hekje van chique gepolijst hout. "Dan beginnen wij nu de zaak van de Staat versus Samir El Sheik, George Gleen en Karamokoh Dambay." Rechter Sommerset begon de zaak voor te leiden. Hij keek naar het publiek, zijn ogen piepten onder zijn dikke bril vandaan.

Een deur in de buurt van de juryzetels ging open en een stevig gebouwde, strenge gevangenisbewaker kwam de rechtszaal binnen, gevolgd door de drie verdachten die in oranje overalls waren gekleed. Hun handen waren vastgebonden met handboeien. De gevangenisbewaker ontdeed hen van de boeien en stapte opzij, maar niet te ver weg. Ik was geschokt om de medicijnman Karamokoh met de andere verdachten te zien terwijl ze daar zo stonden op de aangewezen plaats. Mij was niet verteld dat hij één van degenen was die vandaag berecht zou worden, noch had ik iets van hem vernomen de afgelopen jaren. Ik was teleurgesteld dat de overheid me niet had laten weten dat Karamokoh hier zou zijn. Ze hadden me beter op de hoogte moeten houden van de details van de zaak, of op zijn minst de namen laten weten van de mensen die berecht zouden worden.

Karamokoh's gezicht zag er donker, bitter en ongeschoren uit toen hij zijn plaats nam, net zoals dat van Samir en George die achter hem verschenen. Ze zagen niet dat ik in de zaal was voordat ze gingen zitten. Ze keken direct naar de rechter met zielige ogen. Het werd stil in de rechtszaal en de officier, een korte man gekleed in een strakzittend blauw pak, begon de aanklachten op te lezen. "De eerste verdachte, Samir El Sheik, wordt beschuldigd van terrorisme, mensensmokkel, seksueel misbruik van mannelijke en vrouwelijke minderjarigen en witwasserij door de staat van het Beloofde Land volgens de internationale wet. Samir El Sheik zal berecht worden door de hoofdrechter van de koninklijke rechtbank van de staat, en heeft volgens de wet het recht om zichzelf te verdedigen tegen de beschuldigingen. Niemand is schuldig aan de beschuldigingen totdat hij of zij schuldig is bevonden door een wettelijk proces in een rechtbank." De officier herhaalde een vergelijkbare verklaring voor de andere twee, die beiden werden beschuldigd van mensensmokkel en witwassen, voordat hij zijn hoofd naar de rechter boog en weer ging zitten.

De rechter vroeg de drie verdachten of ze schuldig waren aan de beschuldigingen die tegen hen ingebracht waren door de staat zoals ze waren opgelezen. Alle drie pleitten ze onschuldig voor alle beschuldigingen en er ging nog een golf van gefluister door de zaal.

"Orde in de zaal!" riep de gerechtsdienaar. De stilte in de zaal was hersteld en de officier van justitie werd door de rechter gevraagd om zijn ondervraging te beginnen. Ik wachtte vol spanning tot meneer Lombardo De Browne, een scherpe en ervaren officier van justitie, zijn zaak begon. Vol vertrouwen maalde hij de drie mannen tot meel, gebruikmakend van het bewijs dat hij had verzameld uit de getuigenis die ik had gegeven. Tot mijn verrassing haalde meneer Lombardo zelfs een kopie van de brief tevoorschijn die Samirs diepbedroefde vrouw had geschreven en bij mij had achtergelaten om namens haar aan haar man te geven in hun huis in de verlaten stad.

"Edelachtbare," zei de officier van justitie tegen de rechter, "dit is een brief die ik zelf in een kleine kamer heb gevonden waarin ik geloof dat mijn getuige was opgesloten in het huis van meneer Samir El Sheik. Dit stuk bewijsmateriaal, samen met vele andere, werd gevonden tijdens een gezamenlijke operatie met de politie op verschillende locaties." Lombardo toonde ook foto's van skeletten van de mannen die vermoord in Samirs huis waren achtergelaten toen ik daar als gijzelaar was vastgehouden. Ik was toen als enige gespaard, simpelweg omdat ik het bericht van de moordenaars moest doorgeven aan Samir. Een rijkdom aan fysiek bewijs werd door de officier aan de rechter voorgelegd, onder meer data van mobiele telefooncommunicatie tussen Samir, Karamokoh en George. Sommige van hun telefoongesprekken waren afgeluisterd en de geluidsopnamen werden voor de rechtbank afgespeeld. Enorme hoeveelheden cashgeld in vreemde munteenheden waren in het bezit van Karamokoh en George gevonden, waar ze geen goede herkomst voor konden geven. De lijst van bewijs ging door en door. Ik was onder de indruk van meneer Lombardo's opvoering. Hij had de zaak duidelijk goed voorbereid, met voldoende bewijs om mijn advocaten een luie dag in de rechtszaal te geven. Ze zaten daar maar naast me, ontspannen alsof het allemaal niets was. Ze hadden dan ook weinig toe te voegen aan het proces.

"Edelachtbare," ging Lombardo verder, "deze drie mannen die voor u staan zijn, volgens mijn bevindingen, kwade personages die mensen een rustige slaap in de nacht ontzeggen. Deze mannen zijn een gevaar voor onze burgerlijke gemeenschap." Lombardo haalde een zakdoek uit zijn zak en veegde daarmee zijn zweterige gezicht af.

"Edelachtbare, deze mannen zijn de ergste soort criminelen en ik geloof dat het maar een kwestie van tijd is voordat we hun ondergang zullen zien, en dat van hun organisatie." Lombardo eindigde zijn betoog en ging weer naast de jury zitten.

Rechter J. S. Sommerset vroeg me om plaats te nemen als getuige omdat het gerecht vragen had waarop ik antwoord kon geven. Samir en zijn vrienden leken verbijsterd terwijl ze me de eed hoorden afleggen.

De drie verdachten, die hun hele leven hadden geloofd dat ze onschendbaar waren, tilden hun hoofden op in stilte. Ik kon Samirs borstkast zien uitzetten alsof hij iemand wilde aanvallen. Ik wist uit ervaring hoe Samir reageerde wanneer hij geschokt of boos was. De drie keken naar me alsof ik een klein diertje was dat ze levend wilden villen. Ze wisten donders goed dat ik een geloofwaardige getuige was van hun misdaden. Een getuige die bij machte was om hen op hun knieën te krijgen en hen te zien wegrotten in de gevangenis voor de rest van hun leven.

"Ik, Eba Yoko," herhaalde ik na de secretaris, "zweer plechtig en oprecht dat alles wat ik zeg in deze rechtbank de waarheid zal zijn, de hele waarheid en niets anders dan de waarheid, bij wille Gods." Nadat ik de eed gezworen had, vertelde ik de rechters alles wat ik wist over de drie beschuldigde mannen en over alle dingen die Samir me had aangedaan. Toen ik klaar was met mijn bewijsvoering voelde ik me de sterkste man ooit. Ik voelde me sterk toen ik de mannen aansprak die mijn leven geruïneerd hadden. Ze dachten dat ik zwak was, maar ik zat hier in een rechtszaal en toonde hen dat ik de sterkste van ons allen was. Eén van de advocaten van de verdachten begon me te bombarderen met vragen. Een aantal daarvan was moeilijk, en pijnlijk, om te beantwoorden. De verdediging was gemeen tegen me, tot op het punt dat één van hen me een leugenaar noemde. Het deed pijn en ik voelde me vernederd, waardoor ik hun vragen op een steeds brutalere manier begon te beantwoorden. Mijn woede begon me te beheersen en me te verzwakken. Ik kon merken dat mijn eigen monster zich tegen me begon te keren. Ik was boos omdat de wanhopige en ambitieuze advocaat, die vrijwillig de verdediging van Samir en zijn metgezellen had aangenomen, mij probeerde neer te halen voor de koninklijke rechtbank. Samirs verdediging wilde de waarheid verdraaien, in naam van de wet, door me te beschuldigen van het verspreiden van leugens. De advocaat was onverbiddelijk in zijn valse beschuldigingen tegen mij, zelfs nadat de rechter hem had gewaarschuwd. Hij had mijn zwakke plek ontdekt waar hij misbruik van maakte door me te blijven bespotten met zijn vragen. Hij zei tegen de rechter dat ik niet de waarheid sprak, ondanks dat ik onder ede was, en dat hij betwijfelde of ik deze mannen überhaupt voor het begin van deze zaak had gezien.

Ik bedacht later dat ik te naïef en onervaren was geweest om te begrijpen hoe het rechtssysteem in elkaar zat, en dat ik tot het hoogste punt van domheid was geklommen door te proberen mijn eerlijkheid te bewijzen door boos te worden voor de ogen van een rechter.

"Meneer Sandowsky," onderbrak één van mijn advocaten de verdedigende advocaat met ferme stem. "Hou op mijn cliënt, een getuige die het volk vertegenwoordigt, in de hoek te duwen. Het is constitutioneel fout om gerechtigheid in de weg te zitten, zeker binnen een rechtbank." Jaal Brown ging verder, "Dit is niet meer zomaar een politieonderzoek, dit is een rechtszaak. Ik hoop dat mijn erudiete vriend van deze dag iets leert." Het publiek in de zaal begon te lachen terwijl mijn advocaat zijn tegenspraak afmaakte, waardoor de gerechtsdienaar weer om orde moest roepen.

"Ik vind dat de getuige mag doorgaan," besloot de rechter. "Ja, edelachtbare," gaf Sandowsky toe en voegde zich weer bij de rest van de verdediging. "Eba Yoko, u mag verdergaan," zei de rechter.

Ik ging door met mijn deel van de veroordeling van de drie verdachte mannen door mijn verhaal aan het gerecht te vertellen, recht vanuit het diepste van mijn hart. Het publiek luisterde in plechtige stilte terwijl ik het gerecht vertelde over mijn ervaringen in de handen van Samir en zijn metgezellen. Ik vertelde ze alles in de rechtszaal en liet niets achterwege, wat me terugbracht naar mijn bittere verleden. Het delen van mijn ervaringen voor zo veel mensen opende de vele lagen op mijn nog ongenezen wonden, maar het vertellen van de waarheid en het daarna loslaten hielp op de een of andere manier ook mijn oude wonden genezen. Ik beschreef in grof detail de schade die Samir en zijn vrienden mij, en zovele anderen die ik onderweg had ontmoet, hadden berokkend.

Toen ik klaar was met mijn getuigenis voor het gerecht, stelde de rechter me maar één vraag. "Eba Yoko," zei hij, "Kent u deze drie verdachten?" en hij richtte zijn wijsvinger op Samir, Karamokoh en George. "Ja, mijnheer," antwoordde ik, zonder angst of twijfel. Op dat moment voelde ik me een soldaat die moest vechten om zijn leven in een gewelddadige situatie te redden. Een wijs man zei ooit, "Als je één leven redt, red je de hele wereld. Als je één onschuldig leven neemt, neem je alle onschuldige levens in de hele wereld." Zelfs al had ik geweigerd om soldaat te worden in mijn eigen land op een fysieke manier, was ik toch door de rol die ik had gespeeld in deze zaak een soldaat geworden in mijn geest, lichaam en ziel.

De rechter sloeg twee keer met een kleine houten hamer op zijn bureau en kondigde een pauze aan. "Op dit moment verordonneer ik het gerecht tot een pauze. Het proces zal voortgezet worden over dertig minuten," beval hij.

Mijn advocaten leken tevreden met mijn optreden als getuige en waren optimistisch over hoe de zaak tot nu toe verliep. Hun trotse lichaamstaal voorspelde wat de uitkomst van de zaak zou kunnen zijn. Mijn hart klopte in mijn keel terwijl de twee advocaten hun tactiek bespraken voor de volgende sessie. Ik hield het glas water dat ik op mijn verzoek had gekregen in de rechtszaal stevig vast, maar mijn maag was veel te zwak om een slokje te nemen. Het was een raar gevoel en ik kon niet opmaken of het de zenuwen waren of de opwinding was. Tijdens het gesprek tussen mijn advocaten in de wachtkamer, hoorden we plopgeluidjes alsof iemand popcorn aan het maken was. Mijn advocaten stopten met praten en luisterden aandachtig. We hoorden klapperende geluiden bij de deur buiten en het geluid van rennende voetstappen. We probeerden dichter bij het kleine raam te komen om te kijken wat er buiten aan de hand was toen de deur van de wachtkamer werd geopend door één van de bewakers van de rechtbank die zei, "We moeten jullie hier weghalen, er is een noodgeval buiten op straat."

Mijn advocaten en ik volgden de bewaker die ons meenam naar een groep politieagenten die volledig gekleed waren in gevechtsoutfit. Onderweg naar buiten klonken de plopgeluiden niet meer hetzelfde, ze waren luider en helderder geworden en ik besefte dat we geweerschoten hoorden. De commandant van de kleine eenheid oproerpolitie lichtte ons in terwijl de kogels nog steeds door de lucht vlogen. "Heren, jullie moeten voor je eigen veiligheid bij deze twee mannen blijven. De rest van het team moet aan de bak."

Vanuit het raam, waar ik me achter het gordijn had verstopt, gluurde ik naar buiten om te zien wat er gebeurde. Ik zag twee mannen met geweren die in het zwart gekleed waren, met wollen maskers over hun hoofden waarin gaten zaten voor de ogen. Ze zochten dekking achter een jeep. Ik keek hoe ze vuurden op de eenheid van politieagenten die de hoofdingang van de koninklijke rechtbank verdedigden. De twee schutters zagen eruit alsof ze niets te verliezen hadden. Ze vuurden willekeurige schoten voordat ze zich een paar meter terugtrokken van hun positie achter de jeep naar een putdeksel boven het riool. Een van de gemaskerde mannen tilde de dikke metalen dekplaat van zijn plaats, legde het opzij en perste zichzelf het gat in. Ik kon mijn ogen niet geloven toen ik zijn hele lichaam het hol in zag verdwijnen, al snel gevolgd door zijn kameraad. Ze baanden hun weg de tunnel in, maar stonden op het punt om overspoeld te worden door de vele versterkingen van de Anti-Terreur eenheid die waren gearriveerd om de situatie op te lossen. De troepen staakten hun vuren en wachtten een paar minuten voordat ze voorzichtig optrokken, met langzame en zorgvuldige passen, richting het zwarte voertuig waarachter de aanvallers zich hadden verstopt tijdens het vuurgevecht. De manier waarop ze bewogen, zo precies, deden me eraan denken dat ze dachten dat er een bom in de jeep lag. Een van de agenten vuurde een paar schoten van dichtbij op de jeep. De rest van de agenten wachtten een moment, voordat één van hun teamgenoten, gekleed in een wit explosiebestendig pak, voorzichtig naar het voertuig liep en het begon te bekijken.

Mijn broek was nat omdat ik van angst geplast had. De mannen die zo hard hadden gestudeerd om advocaat te worden en hun levens hadden gegeven om de wet en de constitutie te verdedigen lagen plat op de grond. Hun hoofden waren tegen de vloer gedrukt en ze durfden ze nog geen centimeter van de grond te tillen. Ik bedacht dat ze waarschijnlijk nog nooit eerder een echt geweerschot hadden gehoord in hun leven.

De twee aanvallers werden snel het riool in gevolgd door een klein team van politieagenten. Ik hoopte vurig dat ze gepakt zouden worden daar beneden. Ik keek toe terwijl de mysterieuze verlaten jeep voorzichtig werd weggesleept door de technische afdeling van het leger.

In de kalmte na het dramatische vuurgevecht begon ik me zorgen te maken om Elena. Ik wist niet waar ze was of wat er met haar en haar moeder gebeurd kon zijn tijdens de chaos in het hof. Ik ontving het nieuws dat ze veilig waren van een rechtbankcorrespondent die de kamer in kwam en de details van de afgeweerde aanval gaf.

De correspondent vertelde ons dat de aanval was bevestigd als een terreurdaad en een poging om het proces te saboteren. De aanvallers hadden geprobeerd om Samir en de anderen aangeklaagden te ontvoeren in een soort reddingsoperatie.

"De zitting is voor onbepaalde tijd uitgesteld totdat je van de rechtbank hoort," legde de correspondent uit. Ik was doodsbang. De zaak werd steeds groter en was nog lang niet voorbij. Ik kon het vuur van de media al voelen. Ik wist dat de belegering van de rechtbank het hoofdnieuws op ieder televisiekanaal in het Beloofde Land zou worden en dat de volgende morgen explosieve titels op de voorpagina van alle kranten geplakt zouden worden. Na een paar uur was ik herenigd met Elena die onbeheersbaar trilde. Ze was emotioneel aangeslagen door alles wat er gebeurde.

Onze getuigenbescherming werd opgevoerd tot twee zwaarbewapende mannen, die ons een beetje veiliger lieten voelen. Aan de andere kant moesten ze ons overal naar toe volgen en konden ze onze privégesprekken horen, zelfs binnen het huis. Ze keken hoe we zoenden, en wanneer we huilden. Wat misschien nog wel beschamender was, was dat ze me konden horen wanneer ik naar het toilet ging.

Een maand later waren we terug in rechtszaal nummer één. De zaal was nu niet zo vol als bij de eerste zitting. Slechts een paar stoelen waren bezet, voornamelijk door mensen die zorgvuldig geselecteerd en besproken waren. Mij was verteld dat Elena, die aanwezig wilde zijn tijdens de zitting, niet mocht komen vanwege veiligheidsredenen. Tijdens deze tweede zitting zag ik geen enkele persoon in het publiek die ik kende. Ik was doordrongen van de angst dat, ondanks de heftige bewaking die om de rechtszaal stond, Samirs vrienden misschien zouden bedenken om het gerecht nog een bezoekje te brengen. Ik dacht aan de weg die ik had afgelegd waardoor ik mezelf nu in zo'n glibberige situatie bevond, staand voor een rechter in een rechtbank met verslaggevers, bewakers, verdedigers en officieren van justitie. Al hun aandacht was op mij gefocust in dit belangrijke proces. Ik wist dat ik een enorme rol speelde in een zaak die tot gerechtigheid kon leiden voor mij en de mensen van het Beloofde Land.

Het proces ging weer verder en iedereen stond op toen de rechter en de jury binnenkwamen. De rechter keek trots, vol zelfvertrouwen. Hij was gekleed in het ceremoniële kostuum. De rechtszaal viel stil toen de rechter de uiteindelijke beslissing voorlas. Hij lichtte de zaal in over een paar details wat betreft de zaak, en over het ongelukkige incident dat de vorige zitting een maand had vertraagd. "De jury is tot een uitspraak gekomen in de zaak tussen de staat en Samir El Sheik, Karamokoh Dambay en George Gleen," begon de rechter en stopte toen even terwijl een vlaag van geroezemoes door het publiek in de zaal ging.

"Orde! Orde!" riep de gerechtsdienaar en er was meteen stilte. Rechter J. S. Sommerset begon het uiteindelijke vonnis voor te lezen. Hij boog zijn hoofd en sloeg zijn ogen op, de drie beschuldigden recht aankijkend terwijl hij hun respectievelijke misdaden, beschuldigingen en straffen opsomde.

Hij begon met Samir El Sheik, de nummer één verdachte in de zaak, die door de jury schuldig bevonden werd van alle beschuldigingen die tegen hem waren geuit. Samir El Sheik krijgt 69 jaar onvoorwaardelijke gevangenisstraf voor moord, terrorisme, samenzwering, seksueel misbruik, mensensmokkel en witwassen zonder dat hij in hoger beroep mag gaan.

Zijn medeplichtigen, Karamokoh Dambay en George Gleen werden allebei beschuldigd van mensensmokkel en witwasserij en krijgen 70 jaar celstraf. De rechter en zijn team van juryleden verlieten meteen de rechtszaal nadat ze het laatste vonnis hadden uitgesproken.

De drie mannen die zojuist officieel als crimineel waren waren veroordeeld, werden door zwaarbewapende politieagenten meegenomen. Een handjevol bezorgde burgers kwam naar me toe om me te feliciteren met dikke knuffels en zoenen. Ik hoorde een oudere vrouw, die achter in de zeventig moest zijn, bibberend zeggen, "Wat een held was hij, die jonge kerel."

"We hebben gewonnen, Eba. Je hebt het geweldig gedaan," zei mijn advocaat vrolijk. Hij zag eruit als een handelaar die zojuist een product dubbel over de kop had laten gaan. Een druppeltje zweet liep over zijn kale hoofd en vond een plekje op zijn slaap. "Dank u wel, meneer," antwoordde ik, "maar kan ik u een vraag stellen voordat u vertrekt, meneer Brown?" "Tuurlijk," antwoordde hij nieuwsgierig. "Wat bedoelde u toen u zei dat we ze klein zouden krijgen?"

Hij glimlachte en antwoordde, "Dat hebben we zojuist gedaan, Eba. Het betekent dat we ze op hun knieën hebben gedwongen en gerechtigheid hebben gebracht." "Dank u wel dat u het me heeft geleerd, meneer." "Geen probleem, Eba. Hier heb je mijn kaartje." We schudden elkaar de hand en gingen ieder ons weegs.

Mijn moederland

Een paar dagen na de rechtszaak ontving ik een brief die mij en Elena uitnodigde om te dineren met de koning van het Beloofde Land en de gehele koninklijke familie. De uitnodiging, die voor de volgende avond was, was een enorme verrassing voor me en ik had moeite te geloven dat een gewoon persoon zoals ik uitgenodigd kon worden om te dineren in het paleis. Ik vroeg me af waarom dit soort dingen me nu overkwamen en wenste dat ze waren gebeurd op één van de nachten waarop ik hongerig was en de nacht door moest brengen in verlaten gebouwen. Ik wenste voornamelijk dat het allemaal was gebeurd toen Yalla Banke nog leefde.

"Morgen zijn we eregasten in het koninklijk paleis," zei ik tegen Elena. Mijn aankondiging deed haar mond openvallen. Na een aarzelende pauze vroeg ze, "Moeten we gaan?" "Ja, we moeten er zijn, het is een uitnodiging van de koning zelf," zei ik enthousiast.

Ik was opgewonden, maar Elena leek niet zo blij met het komende evenement. Ze leunde gewoon naar achteren en trok zich terug in zichzelf. Haar reactie dempte mijn opwinding en ik vroeg me af waarom ze dacht dat het niet slim van me was om de uitnodiging meteen te accepteren. Ik herinnerde me hoe mijn vader me vaak had aangeraden om nooit een uitnodiging af te slaan.

Ik knuffelde haar en zei, "We kunnen morgen naar het paleis gaan ter ere van zijne majesteit en luisteren naar wat hij te zeggen heeft."Elena reageerde goed op mijn bemoedigende woorden. Ze keerde haar lichaam volledig naar mijn omhelzing en hield haar handen strak om me heen.

"Ik ben bereid dat te doen, maar ik ben bang om de koninklijken te ontmoeten. Soms is het koninklijk zwaard scherp aan twee kanten, Eba. Je weet nooit wanneer hij een van die kanten op jou zal richten.

Om drie uur de volgende middag waren Elena en ik gekleed in nette kleren, volgens de dresscode die in de brief was uitgelegd. Ik droeg een lichtbruin pak met een wit overhemd, dat Elena's moeder voor me had gekocht toen we met Kerst vorig jaar een theatervoorstelling en diner hadden bijgewoond. Mijn haar was netjes geknipt en gevormd door Leon, een betrouwbare mannelijke kapper waar dokter Islaker senior en Elena hun kapsels vaak lieten doen.

Elena droeg een prachtige paarse jurk, versierd aan de voorkant met fonkelende diamantvormige kraaltjes. Haar haar was netjes samengebonden, achter in haar nek vastgezet, onder een fantastische groene vilten hoed. We hielden elkaars hand vast terwijl we richting de koninklijke auto liepen, die voor onze deur had gewacht om ons naar het paleis te brengen. Toen we daar aankwamen liepen we majestueus hand in hand richting de enorme pijlvormige poort. We werden vergezeld door de chauffeur die in het zwart gekleed was met witte handschoenen.

Mijn zenuwen werden erger toen we twee wachters zagen, gekleed in traditioneel ceremoniële rode uniforms, die op wacht stonden, met zwaarden die aan hun harnas rond hun middel hingen. De wachters stonden perfect stil. Bij de rechterhoek van de poort stond een klein bakstenen huisje met een kleien dak. Het was een deel van de hoofdpoort, hoewel het een eigen kleine ingang had.

"Ze zijn hier op uitnodiging van zijne majesteit," vertelde de chauffeur aan de receptioniste. De vrouw met het babygezicht, gekleed in traditionele kleding, glimlachte warm naar ons. "Dat wist ik al voordat je aankwam, meneer Panjan," antwoordde ze droog voordat ze zich naar mij keerde. "U moet de held zijn van het Continent van de Leeuwen. Ik heb zo veel over u gehoord op de radio."

Ze keerde zich weer naar de chauffeur en zei, "Wat u betreft, meneer Panjan, u wordt gevraagd om dadelijk de jonge prinses Mary van het zomerpaleis op te halen." De vrouw met het babygezicht klonk alsof ze goed bekend was met de koninklijke familie en hen voor een lange tijd had bediend. Ze leek een hoop over hen te weten.

"Wanneer je de koning ziet, moet je hem aanspreken met 'uwe majesteit' en zorgen dat je je hoofd buigt." legde ze ons uit. Ze pauzeerde en glimlachte. "Je mag niet gaan zitten totdat de koning zit. Je mag geen straattaal gebruiken, of te veel tegen de koning zeggen aan de eettafel. Je moet wachten tot de koning zijn eten geproefd heeft voordat je aan het jouwe begint. Wanneer je bij de koning vertrekt, moet je drie stappen naar achteren nemen en dan buigen voordat je je omdraait. Welkom in het koninklijk paleis."

Ze overhandigde ons een kaart van het paleis en we werden vergezeld door één van de hoofdwachters van de koning. Het paleis was omheind door een grote muur die uit solide ijzeren stenen was opgebouwd. De tuinen waren prachtig, een sprankje magie van moeder natuur zelf. De gevallen bladeren van de bomen vormden grote hopen die de prachtige herfstkleuren van groen, rood en geel versterkten. Het paleis werd omringd door hoge bomen die bewoond werden door kleurrijke regenbooglori-papegaaien. We konden de elegante vogels van de ene tak op de andere zien hippen, terwijl ze aan het hout knaagden en elkaars veren gladstreken.

We liepen door een lange gang, die warm was versierd met indrukwekkende schilderijen in vergulde lijsten, over een dieprood tapijt. Eindelijk kwamen we aan in de grote hal waar de koning en zijn gezin stonden om ons in hun officiële kleding te ontvangen. Ik zag van een afstandje dat maar een paar leden van de koninklijke familie glimlachten. Het was een lange kamer met een rechthoekig plafond dat was versierd met verschillende goudkleurige kunstwerken. Aan houten balken hingen enorme lampen. De ramen in de hal waren gigantisch en lieten met hun gekleurde glas veel natuurlijk licht door. De vloer was bedekt met lichtbruine marmeren tegels waarop een aantal kleine Perzische tapijten lagen.

De koning en koningin verwelkomden ons samen met de rest van het huishouden. We bogen voor hen zoals dat ons was geïnstrueerd. Samen liepen we door de betegelde eetkamer, waar een prachtige jongedame, gekleed in een lange roze jurk, een klassiek stuk speelde op de piano.

"We vinden het geweldig dat u met ons dineert." Nadat de koning tegenover iedereen was gaan zitten op zijn stoel in het midden van de tafel gaf de koningin ons toestemming om in de luxe stoelen plaats te nemen. Bedienden in witte schorten brachten eten uit de keuken, dat zorgvuldig geserveerd werd met een vriendelijke glimlach. De enorme eettafel was bedekt met een luxe goud en rood tafelkleed met zilveren franjes aan de rand en was rijkelijk gevuld met allerlei gerechten op zilveren schalen. Cassavebladeren, gedroogde makreel, uien, gele paprika en enkele traditionele kruiden, geserveerd met bruine rijst uit mijn thuisland.

"U mag zoveel eten en drinken als u wilt. Uw namen staan nu tussen de helden van onze tijd geschreven, Eba en Elena," complimenteerde de koning. "Dank u, Uwe Majesteit," antwoordde ik, mijn hoofd lichtjes gebogen. "Graag gedaan."

De koning was een oude man, veel ouder dan ik had verwacht. Ik herinnerde me dat ik had gehoord dat hij nog jong was toen hij gekroond was na de dood van zijn moeder, de laatste koningin. "We hebben de beste koks vanuit de hele wereld," pochte de koning. "Dat proef ik, Uwe Majesteit." "Ja, het is een oude traditie van ons," zei de koning, "voor ons is eten goud en het dineren een ritueel. Mijn overgrootvader regeerde over zijn volk en hing het principe aan van duurzame voedselproductie en de waarde van hygiëne in de keuken. En vandaag de dag staan we over de hele wereld bekend als de beste wijnproducenten."

Ik moest denken aan Sam Moelener, die precies hetzelfde had gezegd toen ik net bij hem was geïntroduceerd door Yalla. De koning en ik hadden een soepel gesprek over problemen wat betreft cultuur en traditie. Ik vertelde hem over mijn geboorteplek, onze cultuur en traditie en over de mangobomen.

Elena was voor het grootste deel van de avond stil, hoewel

ze wel een gesprek had met de koningin en haar dochters.

"Ik heb een aanbod voor je, Eba," kondigde de koning aan. Ik stopte met het eten van mijn fufu en sawa-sawasoep die ik al bijna ophad en richtte mijn volledige aandacht op wat de koning zou gaan voorstellen.

"Volgens de wetten van het Beloofde Land," zei hij, "mag je niet als ongewenste vreemdeling binnen de muren blijven. Maar jouw moedige daad in combinatie met de informatie die je hebt gegeven tijdens je getuigenis versnelde het grootste onderzoek in de geschiedenis van dit land. Het geeft me het lef om mijn macht te gebruiken om jouw situatie in mijn land te veranderen.

Als teken van mijn dankbaarheid voor wat je hebt gedaan, wil ik je een koninklijk pardon geven bij de macht die mij toekomt door mijn volk. Vanaf dit moment zal je een burger zijn van het Beloofde Land en dezelfde rechten hebben als Elena en iedere andere burger in dit land."

Een stilte viel over de tafel terwijl iedereen elkaar verbaasd aankeek. De koning glimlachte en iedereen glimlachte terug naar hem, behalve Elena en ik.

Ik wist zeker dat de koningin al op de hoogte was van het aanbod van de koning, ze keek verheugd. Maar Elena niet, ze gaf me slechts een afwachtende blik. Meestal was Elena erg goed in het communiceren met mij door middel van haar ogen. Maar in dit geval ging het niet om haar glinsterende hemelsblauwe ogen of wat ze van het aanbod dacht. Het ging om mij. Ik moest beslissen op basis van waar ik in geloofde.

Na een moment stilte waarin ik overwoog wat ik ging zeggen, keek ik de koning direct aan. "Uwe Majesteit," zei ik, "Met alle respect voor u, de koningin en de rest van uw familie, wij zijn zeer dankbaar voor uw gastvrijheid, voor uw verering met dit prachtige diner en vooral voor uw aanbod om mij een burger te laten worden van deze prachtige natie. Maar ik moet u helaas zeggen dat ik geen burger van het Beloofde Land wil zijn." Ik stamelde en stopte toen de koning zijn dikke zwarte wenkbrauwen optrok in verrassing en teleurstelling. Ik stotterde opnieuw en vervolgde, "Uwe Majesteit, ik stond in die rechtszaal voor mezelf en voor de waarden waar ik in geloof. Ik geloof in liefde, gelijke rechten, gerechtigheid en vrijheid. Dat zijn de waarden die mij zijn ontnomen. Vanaf de dag dat ik geboren ben, zijn mij deze dingen ontzegd door mijn eigen land en later door mijn oom. Ik voel me echt vereerd vandaag, want het is een feit dat er duizenden ongewenste vreemdelingen zijn, net zoals ik, die het geweldig zouden vinden om deze kans te krijgen op burgerschap. Maar ik heb veel meegemaakt als jongeman en ik maak me nog steeds zorgen om die duizenden zogenaamde ongewenste vreemdelingen daar in de Duin die buiten de muren zijn gegooid van het Beloofde Land en daar zijn achtergelaten om door de straten te zwerven. Wat gebeurt er met hun kinderen, die uw administratie verwerpt en dwingt om terug te keren naar dezelfde leeuwenkooien waar hun vaders en moeders uit waren ontsnapt om hen naar een veilige haven te brengen? Wat gebeurt er met de armen en de daklozen? Uwe Majesteit, ik ben echt vereerd maar ik moet uw gulle aanbod afslaan." Ik boog mijn hoofd en toen ik weer opkeek, keek ik recht in de ogen van de koning. Zijn uitdrukking was verward, maar ik bleef bij wat ik zei. Het leek erop dat de slapende reus binnenin me eindelijk was ontwaakt. Ik wilde niet respectloos naar de koning zijn en ik realiseerde me zelfs, terwijl ik sprak dat sommige mensen me dapper of zelfs stom zouden vinden dat ik, een alledaagse overlever, mijn kleine klauwtjes zou tonen aan de grootste junglekat.

Maar ik voelde de moed om te spreken aan de eettafel en in het bijzijn van de koning, die de macht en autoriteit had om me in een oogwenk uit het paleis te gooien. Hij kon met zijn vingers knippen en het zou gebeuren. Toen ik klaar was de koninklijke familie toe te spreken, keerde ik mijn hoofd om oogcontact te maken met Elena, die al in tranen was.

"Je klinkt als een dappere jager, Eba," zei de koning. "Hou die moed bij je, jongen, want jouw naam zal op de lippen van iedereen blijven steken, waar je ook besluit de rest van je leven door te brengen. Maar één ding, Eba, wees geen idioot zoals de jager die een ree liet gaan om een beer te kunnen schieten. Ik heb de woorden gehoord die uit het diepst van je hart kwamen. Ik stel voor dat je wat tijd neemt om na te denken over mijn aanbod voordat je een definitieve beslissing neemt. Ik zal je er een maand de tijd voor geven. Mocht je besluiten mijn aanbod aan te nemen, dan ligt het hier nog op je te wachten. Het ga je goed en ik wens jullie een prettige avond. Geniet van de tour door het paleis." De koning liet ons bij de tafel achter, zijn gewaad over de vloer slepend terwijl hij zich terugtrok naar zijn vertrekken.

De koningin en de prinsessen namen ons mee door het paleis voor een rondleiding. We kwamen langs een fontein die werd verlicht door lampjes die op de hoofden van drie gouden draken waren bevestigd. Ze spuwden water in een doorlopend proces. We liepen door de fascinerende tuinen en toen naar de mini-dierentuin waar ik een leeuw in een kooi zag liggen. Ik had geen leeuw meer gezien sinds ik mijn thuis had verlaten. De koningin was vriendelijk en sprak tegen ons over hoe we onze harten en dromen moesten volgen aangezien het nooit te laat was voor dromen om uit te komen. Het was donker tegen de tijd dat we het paleis verlieten. We werden thuisgebracht in een andere auto bestuurd door een andere chauffeur, die ons wat over zichzelf vertelde tijdens de rit. Zijn naam was Sambo Msambo en hij zei dat hij zijn hele leven voor de koninklijke familie had gezorgd. Zijn eerste baantje was toen hij op twaalfjarige leeftijd als bediende in de keuken ging werken.

Nadat we het paleis hadden bezocht, voelde ik me alsof ik een kaartje voor mijn vrijheid had gekocht. Ik begon informatie over mijn familie thuis na te vragen en hoe de dingen politiek en sociaal gingen daar in mijn land. Ik vroeg dokter Islaker senior om me te helpen, wat ze deed via een organisatie die "Bouw het weer op" heette, een organisatie die verloren mensen hielp weer bij hun families te komen.

De organisatie kwam er al snel achter dat mijn oom, samen met de andere leden van hun corrupte politieke partij, gearresteerd was en veroordeeld voor corruptie nadat hun regime was overtroffen door de kracht van een volksrevolutie. "De nieuwe fase" was een revolutionaire groep opgezet door studenten en ondersteund door de jonge kern van officieren van het leger. Hoewel ze de macht illegaal hadden gegrepen, hadden ze al snel de steun van het lokale volk en de internationale gemeenschap. Hun eerste prioriteit was om corruptie en armoede tegen te gaan en om onderwijs tot een mensenrecht in plaats van een privilege te maken.

Kort nadat ze de macht hadden gegrepen, stelde de groep voor een democratische verkiezing te houden, wat ze deden en waarna ze de macht overgaven aan een burgerlijke regering. Ik hoorde van verschillende bronnen dat de organisatie "Bouw het weer op" de laatste twee jaren actief was geweest in mijn land, Yougosoba, en dat ze veel mensen in situaties als die van mij hadden geholpen door ze weer terug te brengen naar hun families.

Dat mijn oom en zijn regime waren verslagen, gaf me moed. Dat, en het feit dat Karamokoh Dambay, de traditionele genezer, voor mijn ogen was berecht. Wat missionaris Blaak betreft wist ik niet wat er met hem was gebeurd, maar ik hoopte dat hij vervloekt werd en veroordeeld om voor eeuwig naar de heilige graal in de diepten van de Pyramides te zoeken, aangezien ik er later achter kwam dat hij onderdeel was geweest van de samenzwering.

Nu ik meer wist van de veranderingen in mijn thuisland, besloot ik om terug naar huis te gaan en er een nieuw leven te beginnen. Ik was van plan mijn ervaring met andere jonge mensen te delen die misschien voor de gek gehouden konden worden door de mythe of het sprookje van de Honderd Gouden Paarden en het Beloofde Land.

Nu ik mijn beslissing genomen had, schreef ik een brief naar de koning waarin ik mijn antwoord nog eens bevestigde dat ik hem aan de eettafel had gegeven. Ik zei hem dat ik ervoor had gekozen om zijn aanbod af te wijzen en terug naar huis te gaan.

Binnen korte tijd had de koning geantwoord. Hij zei dat hij mijn beslissing begreep en respecteerde en hij suggereerde dat hij me ooit op een dag zou komen opzoeken in mijn thuisland voor een kopje thee en om meer over mijn volk te leren.

Ik kon het niet geloven toen Elena zei dat ze had besloten om me te volgen naar mijn thuisland. Zelfs al wist ik dat haar liefde voor mij geen leugen was, haar beslissing klonk nog steeds als een droom. Een droom waarvan ik eerder had gedacht dat hij nooit uit zou komen. "Ik volg je tot het einde van de wereld, zoals ik had beloofd, Eba," zei ze. Soms gaven de woorden die uit Elena's mond kwamen me kippenvel. Elena was voor mij de hele wereld.

Ik had het geluk dat ik als een held terug naar huis kon. Maar er waren duizenden landgenoten die nog steeds in de problemen zaten en ook velen die waren omgekomen op weg naar het Beloofde Land. Diegenen die het hadden gehaald moesten helemaal opnieuw beginnen, een nieuwe worsteling met harde uitdagingen. Ze hadden moeite om de regels en gewoontes te overleven, regels en gewoontes die het tegenovergestelde konden zijn van hun eigen culturen en tradities. Zij die niet sterk genoeg waren, eindigden kapot op de straten van de plek waar ze van hadden gedroomd. Het ergste was dat die verspilde levens nooit meer gezien zouden worden voor wat ze echt waren.

Elena en ik zaten in de achtertuin van mijn vaders huis te genieten van de zachte tropische bries, in de schaduw van de bomen die daar door mijn voorouders waren geplant. Wanneer de wind door de bladeren van de mangobomen blies, deed het muzikale geluid me denken aan mijn vader.

Twaalf jaar was voorbijgegaan sinds ik deze plek had verlaten. Ik was toen nog een klein jochie met een hoofd vol dromen. Dromen over naar school gaan en het volgen van een opleiding zodat ik daarna terug kon gaan naar mijn dorp om mijn vader te helpen en mijn gemeenschap te dienen. Ik had al die jaren sinds ik was vertrokken geen contact met mijn vader gehad, maar ik had altijd gehoopt dat ik hem op een dag weer in levende lijve zou zien.

Daar was ik dan, met de liefde van mijn leven, op het land waar mijn vader water over de groenten had gegoten en hard had gewerkt om het ongedierte van de gewassen te verjagen. Elena en ik konden niets anders doen dan rouwen om de dood van de man wiens bloed door mijn aderen vloeit. De man die ik Papa noemde was er niet meer. Van waar Elena en ik zaten, dacht ik terug aan de beelden van mij en mijn vader uit mijn jeugd, beelden die me onbedaard lieten huilen. Vele van mijn buren kwamen en huilden mee.

Toen we in ons dorp waren aangekomen, had één van mijn vaders vrienden aan ons uitgelegd hoe mijn vader was gestorven.

"Je vader kreeg malaria," vertelde hij ons, "en na een paar jaar werd het erger en werd het een soort ziekte die de mensen hier 'rivierblindheid' noemen. Je vader werd langzamerhand blind en steeds zieker. Hij heeft zijn hele leven geleden tot de dag waarop hij stierf. Ik kon zien dat hij je miste nadat je weg was." De man keek naar de hemel, beet op zijn lip en zei, "Ik geloof dat je vader daarboven in de hemel is. Hij was een goed man."

Elena en ik waren diep geraakt door zijn lieve woorden. Op dat moment kon ik een beeld van mijn vader voor me zien. Ik kon zien hoe hij iemand om een kopje water vroeg terwijl hij daar zo op zijn ziekbed lag. Ik zag hoe hij zich aan de muren vastklampte in het donkere gangetje van ons huis om zichzelf overeind te houden, op weg naar de latrine buiten. Ik zag hoe hij in zijn eentje sliep met een hongerige maag onder het lekkende dak in het regenseizoen. De druppels maakten kleine gaatjes op de onbedekte aarden vloer in zijn slaapkamer. Ik brandde me aan de beelden en ik dacht eraan om wraak te nemen op mijn oom als ik hem ooit nog zou zien, net zoals ik met Samir en zijn bondgenoten had gedaan.

Ik merkte dat ik veel aan mijn oom moest denken, hoewel ik wist dat ik niet iemand anders de schuld kon geven voor het lijden van mijn vader en zijn dood. Ik dacht dat als mijn oom me alleen had gelaten toen ik nog een kind was, ik nog steeds bij mijn vader had kunnen zijn om voor hem te zorgen toen hij het nodig had. Wanneer ik dacht aan de pijn die mijn vader en ik geleden hadden, voelde ik de aderen in mijn keel opzwellen door schuld, verdriet en woede.

"Het is oké, Eba." Elena knuffelde me en stelde me gerust met haar troostende stem, die stem van haar die me altijd steun en kalmte bracht.

Er was een hoop veranderd in de twaalf jaar dat ik weg was geweest uit mijn dorp. Ik merkte dat de baas van de timmerwerkplaats, die vroeger altijd zijn leerlingen met een houtzaag hard op hun achterwerk sloeg, er niet meer was. De leerlingen zagen er nu ontspannen uit en hadden meer vrijheid bij het leren van hun vak. Ze zaten zelfs samen met hun baas te lunchen, iets wat vroeger ondenkbaar was. De zoon van de oude smid, die een vriend van me was, had de zaak overgenomen na de dood van zijn vader. Tegen de tijd dat ik terug was gekeerd, maakte hij wat hij beschreef als moderne werktuigen. De muezzin die ik als kind had gekend, was overleden en was vervangen door een andere. Er was een nieuwe moskee gebouwd, dit keer met bakstenen van cement, en bovenaan geel en onderaan bruin geverfd. Zo zag hij er wat moderner uit.

Op een morgen, toen Elena en ik op ons nieuwe houten bed met schuimmatras lagen, werden we gewekt door de stem van de muezzin. We luisterden aandachtig naar de door hem uitgesproken azan die mensen opriep voor het gebed. De melodie van zijn stem en de verzen die hij sprak brachten me terug naar mijn kindertijd, toen ik nog een jongen was en vroeg opstond om mijn clanleden wakker te maken voor het traditionele mangoplukken. Ik sprong dan op van mijn strooien matras zodra de haan zijn eerste gekraai liet horen, wat snel gevolgd werd door de roep van de muezzin en het geklepper van aluminium potdeksels wanneer de vrouwen van rijkere families het ontbijt bereidden voor hun mannen.

Mijn twee jeugdvrienden, die ik mijn partners in crime noemde bij het lachen om de oude tijd, waren allebei net getrouwd. Jalil had drie kinderen, en Sembu had er een. Wat dat betreft voelde het alsof ik achterliep op de rest. Volgens Elena's traditie waren we nog erg jong om te trouwen, laat staan om aan kinderen te beginnen, terwijl in mijn traditie een jongvolwassen man zo snel mogelijk moest trouwen, voordat hij daartoe gedwongen werd.

"Je hebt een prachtige en exotische vrouw gevonden. Waar wacht je nog op, Eba?" vroeg Sembu me op een avond tijdens een wandeling door het bos. "Nou," zei ik, "Elena en ik houden veel van elkaar, maar we zijn er nog niet echt klaar voor." "Kom op, broer," zei hij, "je bent toch geen jongen meer? Ik denk dat je je een beetje hebt laten meeslepen door de manieren van de mensen uit het Beloofde Land." "Dat kan," antwoordde ik. We keken elkaar aan en begonnen te grinniken, wat al snel uitliep op een lachbui. Onze lach klonk nog precies hetzelfde als vroeger en ik voelde me wild en vrij.

Elena begon haar draai te vinden. Ze hielp de mensen met hun gezondheidsproblemen door een kleine kliniek op te zetten in ons dorp. Daarnaast raakte ze steeds meer geïntegreerd. Ze leerde hoe ze de typische gerechten moest koken en deed mee met de dagelijkse activiteiten van de andere vrouwen, zoals het wassen van onze kleren in de rivier en het 's avonds zingen in het licht van de maan. "Jouw mensen geven me een welkom gevoel," zei Elena op een middag toen we samen stonden te koken, "Ik wou dat ik hier was geboren."

"Ja, mijn volk is erg gastvrij naar vreemdelingen, maar het is maar goed dat je hier niet geboren bent in de tijd dat ik werd geboren. Het leven is hier van nature mooi, maar het is moeilijk om te overleven." "Ik snap wat je bedoelt, Eba, en ik heb veel gezien sinds we hier zijn aangekomen. Als ik naar het leven hier kijk, zie ik de hoop in de mensen en hoe ze op zo'n natuurlijke wijze leven. Het leven is hard voor ze, maar ze glimlachen nog steeds en leven op hun eigen manier."

Elena had veel sympathie voor de mensen die ze hielp, zeker voor de moeders en hun ondervoede kinderen. Sommigen van hen moesten de hele dag vooroverbuigen, werkend op het land, onder de brandende zon, met hun stervende kinderen op hun rug terwijl ze naar een manier zochten om de levens van hun kleintjes te redden. Elena deed alles wat ze kon om die paar te helpen die ze kon redden, maar het was niet genoeg. Ze was de enige arts in de omgeving. Ik kon zien hoe Elena zichzelf in tweeën wilde splitsen om al het werk te kunnen doen.

Volgens mijn traditie is een man in een vaste relatie die de hand van zijn vriendin niet snel genoeg durft te vragen, als een man die de rivier moet oversteken om zijn gewassen te oogsten. In plaats van in een keer te springen en rechtstreeks naar de overkant te zwemmen, blijft hij langs de oever lopen, op zoek naar een ondiep gedeelte waar hij kan oversteken zonder zijn hele lichaam te gebruiken bij het zwemmen.

Soms weet je niet eens waar de rivier eindigt en of je überhaupt wel een plek vindt waar je naar de andere kant kunt waden. Het kan best lang duren voordat je het doorhebt, en ondertussen kunnen je gewassen meegenomen worden door een vreemdeling. De gewassen drogen uit totdat je ze eindelijk oogst. Mensen zeggen vaak dat als je iets in je leven wilt, je er zelf achteraan moet. Dat klinkt inspirerend, maar wanneer een vrouw van een man houdt en wil dat hij met haar trouwt, vraagt ze er zelden zelf naar.

Elena's oprechte bedoeling om de rest van haar leven met mij door te brengen was duidelijk. Ik zag het in alles wat ze de afgelopen drie jaar had gedaan. Ik kon haar verlangen naar een langdurig huwelijksleven zien sinds ze met me mee was gekomen naar mijn huis. Ik zag haar liefde en de bereidheid om hier te blijven.

Een jaar na onze terugkomst had ik nog steeds niets van

mijn oom en zijn familie gehoord, en ik had geen enkele poging gedaan om naar ze te zoeken. Ik had besloten dat het de moeite niet waard was om contact met ze te zoeken. Wel was ik van plan mijn nichtje, Gina, te bedanken. Zij was altijd aardig voor me geweest en leerde me lezen en schrijven. Maar wat mijn neven betreft, Sol en Mo, die konden me gestolen worden. Ik vroeg me soms af of hun moeder Agnes nog steeds zo hard en gemeen was en nog steeds zo luid sprak.

Toen ik terugkwam in mijn geboorteland was ik niet meer dezelfde man als vroeger. Het voelde alsof ik geïncarneerd was in een nieuwe cultuur.

Toen Elena me onverwachts vertelde dat ze een maand zwanger was, viel mijn mond open van verbazing. De aankondiging dat ze de eerstgeborene van onze toekomstige generatie bij zich droeg, maakte me sprakeloos. Ze lachte om mijn stomverbaasde uitdrukking. "Ben je niet blij dat je vader wordt?" "Natuurlijk... ben ik dat," stamelde ik.

We stonden op de rivieroever waar Elena en ik vaak gingen wandelen om naar de vogels en de prachtige zonsondergangen te kijken. Ik had haar die avond bewust meegevraagd om het aanzoek te doen, maar nu ze vertelde over haar zwangerschap was ik even van mijn apropos. Dat was gelukkig van korte duur. Ik zakte op één knie, stak mijn hand in het zakje van mijn shirt en haalde er een ring van zachthout uit. Ik vroeg Elena of ze met me wilde trouwen. Ze keek me aan met trillende lippen en het zag er eerst naar uit dat ze niet wist wat ze moest zeggen. "Ja, Eba. Ik wil met je trouwen."

Dat moment van blijdschap was wat mensen zouden beschrijven als een dubbele zegening. Ik glimlachte naar Elena en hield haar dicht tegen me aan met mijn armen om haar heen. "Alles komt goed," zei ik. Ik voelde de warmte van haar tranen op mijn schouder. Aan de overzijde van de plek waarvan men zegt dat ik gevonden was, nadat mijn moeder was verdwenen tijdens de rebellenaanval, hield ik Elena dicht tegen me aan. Ik stelde me voor hoe mijn moeder me probeerde te verstoppen in het hoge gras terwijl mannen met geweren achter haar aan zaten. Eén van hen haalde de trekker over, maar ze bleef rennen om hun aandacht bij mij weg te houden en de achtervolging ging door tot de rand van de oever waar mijn moeder, bloedend van de schotwonden, zichzelf in het water gooide. In mijn verbeelding zag ik mezelf toekijken hoe het lichaam van mijn moeder, een lieve akkerwacht die niets anders had gewild dan haar zoon te zien opgroeien, door het water dreef en meeging met de stroming van het hoge tij van de Alligatorrivier.

Ik wenste dat mijn moeder en vader erbij hadden kunnen zijn. Ik verlangde naar hun fysieke aanwezigheid, zeker nu ik vader werd en ging trouwen. Overrompeld door emoties trok ik me later die avond terug in onze tuin, net zoals ik mijn vader had zien doen toen zijn moeder was overleden.

We hielden een typische traditionele bruiloft volgens mijn traditie, met goedkeuring van Elena. Onze ouders die er allemaal niet bij waren, werden vertegenwoordigd door vrienden, buren en familie van mijn moeders kant.

We luisterden aandachtig naar de verschillende toespraken van de ervaren stamhoofden die advies gaven over het huwelijksleven. Aan het einde van de ceremonie werden onze rechterhanden samengebonden met een witte zakdoek terwijl we onze geloften aflegden aan elkaar voor het dorpshoofd en de andere traditionele leiders.

Nadat we onze geloften hadden uitgesproken werden we officieel man en vrouw verklaard. Het enige minpunt van de ceremonie was dat ik mijn bruid niet mocht kussen, aangezien het tegen de gebruiken van onze traditie inging om dat voor de ogen van de ouderen te doen. Elena kon niet ophouden met glimlachen terwijl we de ringen bij elkaar omdeden. Ze huilde tranen van geluk en zag er zo onschuldig uit. Ik had haar een gouden ring gegeven als bruidsschat. Een schat voor de vrouw die de moeder van mijn eerstgeboren kind zou worden.

Na de officiële plechtigheid genoten we van een uitgebreid traditioneel feestmaal. We hadden plaatselijke drummers geregeld van de Djembé groep in combinatie met de Bubu muziekgroep. De muzikanten speelden de hele avond lang en zongen onze traditionele liederen. Er waren ook dichters die Jaliba's genoemd werden, die liederen zongen met woorden van lof voor het pasgetrouwde stel. Er was een overvloed aan eten en natuurlijk was er genoeg palmwijn. Dat konden we betalen omdat we net een deel van onze eerste oogst hadden verkocht.

Drie jaar na de terugkomst in mijn moederland gingen we naar mijn vaders graf om zijn dood te herdenken. De begraafplaats lag tussen nabijgelegen bosjes aan de rand van ons dorp. Mijn dochter, die we Bomporo Marion Yoko hadden genoemd, een combinatie van de namen van onze moeders, was er ook bij. Onze prinses begon al de plaatselijke taal te spreken, hoewel Elena haar aanmoedigde om ook haar moedertaal op te pikken. Het was geweldig om deze belangrijke gelegenheid door te brengen met mijn vrouw en kind.

Nadat ik een plengoffer bracht door wat palmwijn over het graf te gieten, begon ik mijn vaders geest aan te spreken. Ik sprak over de dingen die me het meest dwarszaten van zijn dood en waar ik zelf mee zat en ik stelde mijn vrouw en dochter aan hem voor. "Vader," begon ik, "Ik voelde me schuldig dat ik er niet voor u was toen u mij het meest nodig had. Maar ik geloof dat u het wel begrijpt. In de jaren nadat ik door mijn oom was meegenomen, ben ik weggerend en terechtgekomen in moeilijke situaties, zoekend naar een schat zonder enig idee waar ik heenging en wat de uitkomst zou zijn. Hier ben ik vandaag en breng u mijn dochter, uw kleindochter, en mijn vrouw, uw schoondochter. Vader, ik weet dat u niet langer naar ons komt, maar ik geloof dat u daar aan die prachtige rivier zit, samen met mijn moeder en Elena's vader. Jullie wachten daar allemaal op de dag waarop wij deze wereld verlaten en ons bij u voegen. Vader, rust zacht en in vrede. Na onze gebeden wandelden we samen terug naar huis, terwijl de frisse, droge wind over de bladeren blies en de bladeren een liefdeslied zongen.